레전드 일본어 첫걸음
히라가나 ひらがな

해설 강의 1강

오십음도
MP3. 00-1

	あ단 아	い단 이	う단 우	え단 에	お단 오
あ행	あ 아	い 이	う 우	え 에	お 오
か행	か 카	き 키	く 쿠	け 케	こ 코
さ행	さ 사	し 시	す 스	せ 세	そ 소
た행	た 타	ち 치	つ 츠	て 테	と 토

な행	は행	ま행	や행	ら행	わ행	ん
な 나	は 하	ま 마	や 야	ら 라	わ 와	ん 응
に 니	ひ 히	み 미		り 리		
ぬ 누	ふ 후	む 무	ゆ 유	る 루		
ね 네	へ 헤	め 메		れ 레		
の 노	ほ 호	も 모	よ 요	ろ 로	を 오	

레전드
일본어
첫걸음

레전드 일본어 첫걸음

초판 1쇄 **발행**	2025년 7월 1일
초판 1쇄 **인쇄**	2025년 6월 20일

저자	더 콜링_김정희
감수	日野理沙 ひのりさ (김윤의)
동영상 강의	황선아
성우	山野内扶 야마노우치 타스쿠 · 田中 たなか えみ (다나카 에미)
기획	김은경
편집	이지영
온라인 콘텐츠 기획	Jellyfish
디자인	IndigoBlue
영상 & 녹음	브릿지코드

발행인	조경아
총괄	강신갑
발행처	랭귀지북스
등록번호	101-90-85278　**등록일자**　2008년 7월 10일
주소	서울시 마포구 포은로2나길 31 벨라비스타 208호
전화	02.406.0047　**팩스**　02.406.0042
이메일	languagebooks@hanmail.net
MP3 다운로드	blog.naver.com/languagebook

ISBN	979-11-5635-248-8 (13730)
값	18,000원

ⓒLanguageBooks, 2025

이 책은 저작권법에 따라 보호받는 저작물이므로 무단 전재와 무단 복제를 금지하며,
이 책 내용의 전부 또는 일부를 이용하려면 반드시 저작권자와 랭귀지북스의 서면 동의를 받아야 합니다.
잘못된 책은 구입처에서 바꿔 드립니다.

머리말

쉽고 재미있게 시작하는 <레전드 일본어 첫걸음>

일본은 우리나라와 오랜 시간 동안 함께해 온 이웃 나라입니다. 과거에는 역사적인 아픔이 있었지만, 지금은 글로벌 시대에 중요한 파트너이기도 합니다. 그런 만큼 우리는 일본의 음식이나 여행, 문화 콘텐츠 등에 대한 관심과 흥미를 많이 가지고 있고, 그런 관심은 일본어를 배우려는 동기 부여가 됩니다.

일본어는 우리말과 비슷한 어순과 구조를 가진 문법이 많고, 발음이 유사한 단어들도 상당수 있어 쉽게 시작할 수 있는 외국어입니다. 하지만 공부할수록 어려워지는 것이 일본어이기 때문에 일본어 공부를 시작한 많은 사람들이 지루하거나 부담되는 학습으로 인해 포기하는 경우도 흔합니다.

외국어 학습은 실용적인 표현으로 얼마나 실제 활용할 수 있느냐가 관건입니다. 이 점을 감안하여 기획된 **<레전드 일본어 첫걸음>**은 기존의 첫걸음 교재의 공식 같은 틀에 박힌 회화와 문법보다는 가장 필요한 표현, 가장 활용하기 좋은 어휘를 사용하여 구성했습니다. 일본어의 특징상 대화 중에 필수로 해야 하는 인사말이나 대답들이 있는데, 문법적으로 어렵거나 복잡한 표현은 첫걸음 교재에서 다뤄지지 않는 경우가 많습니다. 일본인과 대화할 때 예의상 필요한 표현, 호응하는 표현 등 꼭 알아둬야 하는 것은 문법적인 지식보다 표현으로 소화할 수 있도록 모두 다루었습니다.

언어는 수학 공식처럼 분석하기보다 자연스럽게 표현하는 것이 실력입니다. 필수적인 기초 수준의 핵심 문법으로 기본기를 다지고, 실생활에서 바로 써먹는 표현 중심으로 대화 수준을 올리고, 생생한 일본 문화를 보며 일본어의 재미를 더해 보세요.
<레전드 일본어 첫걸음>이 일본어를 배우려고 시작하는 모든 학습자들에게 포기하지 않고 목표한 것을 꼭 이룰 수 있는 좋은 교재가 되기를 바랍니다.

바쁜 중에도 꼼꼼하게 도와준 **日野理沙さん**에게 감사의 마음을 전합니다.

저자 더 콜링_김정희

이 책의 사용법

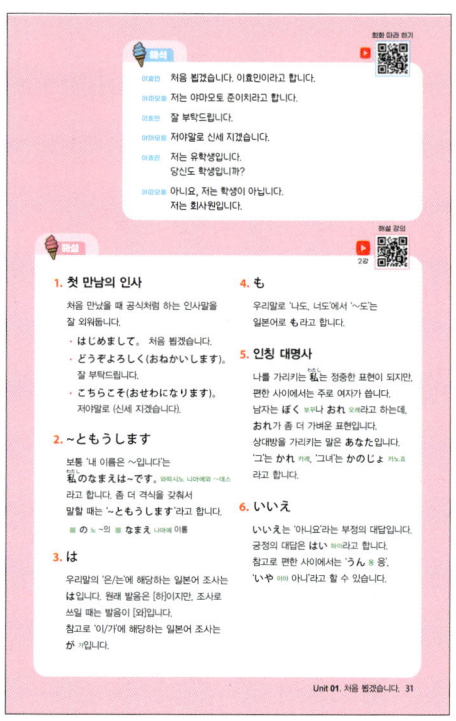

술술 회화 ▶
각 Unit에 수록된 두 개의 대화문은 일상에서 바로 쓸 수 있는 유용한 표현을 중심으로 이루어져 있습니다. 표기된 한글 발음을 참고하고, 원어민 전문 성우의 표준어 발음으로 녹음한 MP3 파일을 자주 듣고 따라 하세요.

단어
대화문에 나오는 새 단어를 학습합니다.

해석
주어진 해석을 참고하여 대화문의 표현을 이해합니다.

해설 ▶
대화문 속 주요 표현과 기초 문법에 대해 꼼꼼히 짚어 줍니다. 독학 학습자를 위한 10분 동영상 강의가 학습에 도움이 됩니다.

동영상 강의 황선아 강사

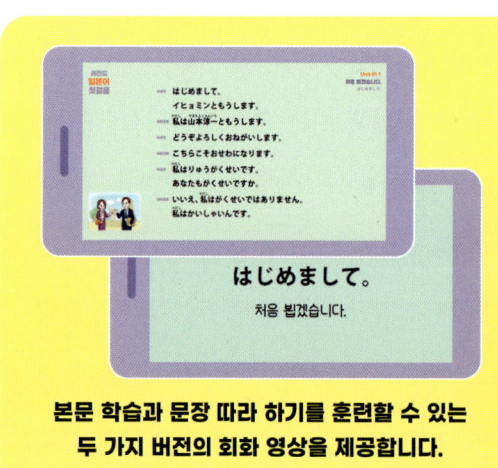

본문 학습과 문장 따라 하기를 훈련할 수 있는
두 가지 버전의 회화 영상을 제공합니다.

모든 회화와 문법 강의를 제공합니다.

▶ 유튜브에서
<레전드 일본어 첫걸음>을 검색하세요.

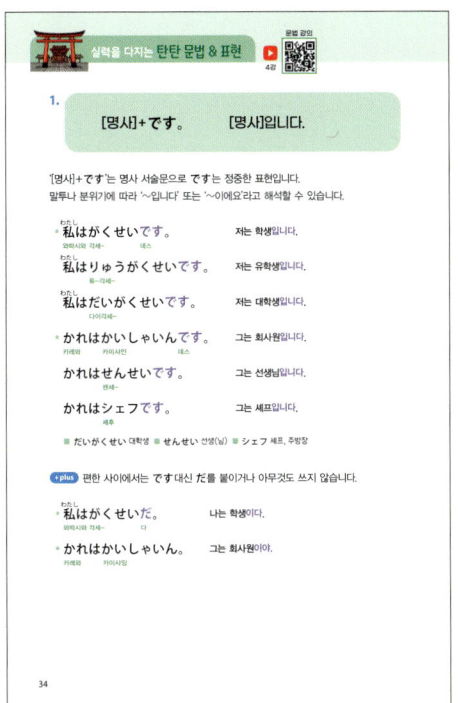

탄탄 문법 & 표현 ▶
핵심 문법과 표현에 대해 자세한 설명과 풍부한 예문으로 쉽게 학습할 수 있습니다. 또, +plus 를 통해 실력을 향상시킬 수 있습니다.

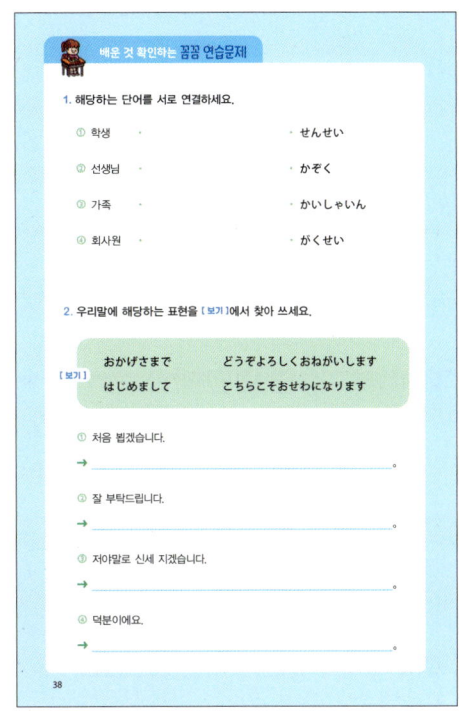

꼼꼼 연습문제
여러 유형의 문제를 풀어 보면서 앞에서 학습한 것을 확인하고 점검합니다.

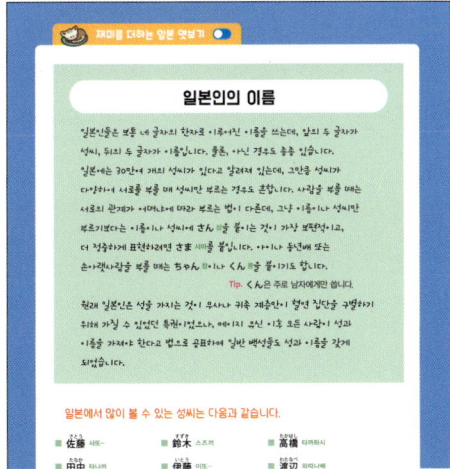

일본 엿보기
학습에 재미와 흥미를 더할 수 있는 다양한 일본 문화와 현지 정보에 대해 소개합니다.

차례

기초 다지기
1. 일본에 대하여   10
2. 일본어 문자   12
3. 일본어 발음   19

Unit 01. 처음 뵙겠습니다.   29
はじめまして。

Unit 02. 정말 미안해요.   41
ほんとうにすみません。

Unit 03. 귀여워요.   55
かわいいです。

Unit 04. 저는 한국인이에요.   67
私(わたし)は韓国人(かんこくじん)です。

Unit 05. 오늘 며칠이에요?   79
きょうはなんにちですか。

Unit 06. 여보세요.   91
もしもし。

Unit 07. 사진을 업로드했어요.   105
しゃしんをアップしました。

Unit 08. 날씨 어때요?   117
てんきはどうですか。

Unit 09. 산이 좋아요.   129
やまのほうがすきです。

Unit 10. 한복을 입어 보고 싶어요.   141
韓服（ハンボク）をきてみたいです。

Unit 11. 추천 메뉴로 할게요.   153
おすすめメニューにします。

Unit 12. 얼마예요?   165
いくらですか。

Unit 13. 돈을 인출하고 싶습니다.   177
お金（かね）をひきだしたいです。

Unit 14. 열이 나고 있습니다.   189
ねつがでています。

Unit 15. 안타깝네요.   201
ざんねんですね。

Unit 16. 얼마나 걸려요?   213
どのくらいかかりますか。

부록   1. 형용사의 활용   226
       2. 동사의 활용   228
       3. 조수사   232

연습문제 - 정답   233

문법&표현

Unit 01.
1. [명사]+です。: [명사]입니다.
2. [명사]+ですか。: [명사]입니까?
3. [명사]+ではありません。: [명사]가 아닙니다.
4. お/ご+단어

Unit 02.
1. 기본 숫자
2. おいくつですか。 몇 살입니까?
3. ~の: ~의
4. 지시 대명사
5. 감사의 표현
6. 사과의 표현

Unit 03.
1. [명사]+でした。: [명사]였습니다.
2. [명사]+でしたか。: [명사]였습니까?
3. 가족 호칭
4. い형용사의 긍정형

Unit 04.
1. い형용사의 부정형
2. な형용사의 긍정형
3. な형용사의 부정형
4. 나라 이름+人: ~나라 사람 / 나라 이름+語: ~나라 언어

Unit 05.
1. 날짜와 요일
2. 시각
3. 1그룹 동사의 ます형

Unit 06.
1. 2그룹 동사의 ます형
2. 동사 ある와 いる
3. ~ません(ます의 부정형)
4. 동사의 て형

Unit 07.
1. 3그룹 동사의 ます형
2. ~ました(ます의 과거형)
3. 동사의 た형
4. たら: ~라면

Unit 08.
1. ~ませんでした(ます의 과거 부정형)
2. ~がすきです & ~がきらいです: ~을 좋아합니다 & ~을 싫어합니다
3. い형용사의 과거형 & 과거 부정형
4. ので & から: ~때문에
5. ~そうです: ~라고 합니다

Unit 09.
1. な형용사의 과거형
2. ~にいきます: ~하러 갑니다
3. ~とおもいます: ~라고 생각합니다
4. AよりBのほうが~: A보다 B의 쪽을 더 ~

Unit 10.
1. ~たことがあります: ~한 적이 있습니다
2. ~たほうがいいです: ~하는 편이 좋습니다
3. ~たいです: ~하고 싶습니다

Unit 11.
1. て[で]もいいですか: ~해도 됩니까?
2. ~にします: ~(으)로 하겠습니다
3. 숫자+杯 : ~ 잔
4. ~ないほうがいいです: ~하지 않는 편이 좋습니다

Unit 12.
1. ~てみます: ~해 봅니다
2. ~とおもっています: ~하려고 생각하고 있습니다
3. ~できる & 동사의 가능형

Unit 13.
1. ~てもらいます: ~해 줍니다
2. ~てくれます: ~해 줍니다
3. ~つもりです: ~할 생각입니다
4. ように: ~와 같이 / ~하도록

Unit 14.
1. ~なければなりません: ~해야 합니다
2. ~みたいです: ~같습니다, ~인 듯합니다
3. お+동사의 ます형+ください / ご+한자 명사+ください: ~ 주십시오
4. ~ていただきます: ~해 받습니다

Unit 15.
1. ~てしまいました : ~해 버렸습니다
2. ~にくいです: ~하기 어렵습니다, ~하기 힘듭니다
3. ~ながら: ~하면서
4. ~なくてもいいです: ~하지 않아도 됩니다

Unit 16.
1. ~た[だ]ばかりです: 막 ~했습니다
2. ~た[だ]り~た[だ]りします: ~하거나 ~하거나 합니다, ~하거나 ~하기도 합니다
3. ~すぎます: 너무 ~합니다, 지나치게 ~합니다
4. どのくらい: 얼마나, 어느 정도
5. 위치 표현

학습 정리

1. 일본에 대하여

- ✓ **국명**   일본국(日本国にほんこく 니홍꼬꾸)
- ✓ **위치**   아시아
- ✓ **수도**   도쿄(東京とうきょう 토-꾜-)
- ✓ **언어**   일본어(日本語にほんご 니홍고)
- ✓ **면적**   377,975㎢(혼슈, 홋카이도, 규슈, 시코쿠 등 네 개의 섬을 포함한 6,800여 개의 섬으로 이루어짐)
- ✓ **인구**   약 1억 2,264만 명(2024년 기준)
- ✓ **국내총생산** 4조 2,130억 달러(2022년 기준)
- ✓ **화폐**   엔(JPY)

* 출처: 외교부, www.jnto.go.jp/

(1) 일본 국기

일본 국기인 일장기(日章旗)는 하얀색 바탕에 태양을 상징하는 붉은 원이 있으며, 히노마루(日の丸)라고 부릅니다.

일장기는 메이지유신에 따른 일본 제국이 성립되고 2년 후인 1870년 2월 27일에 국기가 되었습니다. 이후 1945년 제2차 세계 대전 패망 후 사용이 금지되었다가 1952년부터 다시 사용할 수 있게 되었고, 1999년 국기 및 국가에 대한 법률이 가결되면서 지금의 일장기는 법적 근거가 부여된 국기가 되었습니다.

일장기

(2) 일본 영토

일본의 행정 체계는 광역자치단체인 47개의 도도부현(**都道府県**)과 기초자치단체인 시정촌으로 구성되어 있습니다. 47개의 도도부현은 1개의 **都**(도쿄도), 1개의 **道**(홋카이도), 2개의 **府**(교토부, 오사카부), 43개의 **県**을 말합니다. 47개의 도도부현을 지리적, 역사적, 문화적 근접성을 고려해 8개 지방으로 구분합니다.

2. 일본어 문자

해설 강의

▶ MP3. 00-1

일본어는 기본적으로 히라가나와 가타카나, 한자로 표기합니다. 히라가나와 가타카나를 각각 음절에 따라 행과 단으로 배열한 표를 흔히 50음도라고 하는데, 오늘날 사용되지 않는 가나 문자를 빼면 모두 46자입니다.

(1) 히라가나

히라가나는 한자의 초서체에서 유래한 문자로, 오늘날 모든 인쇄와 필기에 사용되는 가장 일반적이고 기본적인 일본어 문자입니다.

행\단	あ 아	い 이	う 우	え 에	お 오
あ 아	あ 아	い 이	う 우	え 에	お 오
か 카	か 카	き 키	く 쿠	け 케	こ 코
さ 사	さ 사	し 시	す 스	せ 세	そ 소
た 타	た 타	ち 치	つ 츠	て 테	と 토
な 나	な 나	に 니	ぬ 누	ね 네	の 노
は 하	は 하	ひ 히	ふ 후	へ 헤	ほ 호
ま 마	ま 마	み 미	む 무	め 메	も 모
や 야	や 야		ゆ 유		よ 요
ら 라	ら 라	り 리	る 루	れ 레	ろ 로
わ 와	わ 와				を 오
ん 응	ん 응				

(2) 가타카나

가타카나는 한자 획의 일부를 취해서 만들어진 문자로, 표기되는 문자 모양은 달라도 발음은 히라가나와 같습니다. 주로 외래어나 외국의 인명, 지명, 의성어, 의태어, 동식물명 등을 표기할 때와 강조하고 싶은 말에 쓰이는데, 요즘은 가타카나의 사용 비중이 계속 커지고 있는 추세입니다.

단/행	ア 아	イ 이	ウ 우	エ 에	オ 오
ア 아	ア 아	イ 이	ウ 우	エ 에	オ 오
カ 카	カ 카	キ 키	ク 쿠	ケ 케	コ 코
サ 사	サ 사	シ 시	ス 스	セ 세	ソ 소
タ 타	タ 타	チ 치	ツ 츠	テ 테	ト 토
ナ 나	ナ 나	ニ 니	ヌ 누	ネ 네	ノ 노
ハ 하	ハ 하	ヒ 히	フ 후	ヘ 헤	ホ 호
マ 마	マ 마	ミ 미	ム 무	メ 메	モ 모
ヤ 야	ヤ 야		ユ 유		ヨ 요
ラ 라	ラ 라	リ 리	ル 루	レ 레	ロ 로
ワ 와	ワ 와				ヲ 오
ン 응	ン 응				

기초 다지기 13

(3) 일본어 한자(漢字)

한자 문화권인 일본에서도 한자를 사용하는데, 우리나라와 중국의 한자와는 다른 신자체로 한자의 모양과 쓰임이 우리와 차이가 있습니다. 한자를 읽을 때는 훈독(뜻)이냐 음독(소리)이냐에 따라 같은 글자라도 발음이 달라지는데, 예를 들어 같은 한자 人이라 해도, '사람'이라는 뜻으로 쓰일 때(훈독)는 ひと, '~인'으로 쓰일 때(음독)는 じん이라고 읽습니다.

(4) 후리가나

후리가나는 한자 읽는 법을 한자 근처에 표기하는 체계를 말합니다. 요미가나, 루비(문자)라고도 합니다. 가로쓰기에서는 한자의 위에, 세로쓰기에서는 한자의 오른쪽에 표기합니다.

(5) 일본어의 10품사

① 명사
존재하는 대상을 나타내는 말로, 조사와 결합하여 주어나 목적어가 됩니다.

(a) 보통명사
- いぬ 이누 개
- ねこ 네꼬 고양이

(b) 고유명사
- とうきょう 토-꾜- 도쿄(일본의 수도)
- わたなべ 와따나베 와타나베(일본인의 성(姓))

(c) 대명사
- ここ 코꼬 여기
- あなた 아나따 너, 당신

(d) 수량명사
- ひとつ 히또쯔 한 개
- いち 이찌 1, 하나
- こ 코 ~개

② 형용사
서술어 역할을 하거나 명사를 수식하며, **い**형용사와 **な**형용사(=형용동사)가 있습니다.

(a) '~い'로 끝나는 い형용사
- かわいい 카와이- 귀엽다
- たかい 타까이 (키가) 크다, (높이가) 높다, 비싸다

(b) '~だ'로 끝나는 な형용사
- ゆうめいだ 유-메-다 유명하다
- じょうずだ 죠-즈다 능숙하다

③ 동사
동작이나 상태를 나타내는 말로, 어미 부분에 조사나 조동사를 붙여 다양한 의미를 나타냅니다. 일본어 동사에는 1그룹 동사(=5단 동사), 2그룹 동사(=1단 동사), 3그룹 동사(=불규칙 동사)가 있습니다.

(a) 1그룹 동사
- いく 이꾸 가다
- わかる 와까루 알다, 이해하다

(b) 2그룹 동사
- たべる 타베루 먹다
- みる 미루 보다

(c) 3그룹 동사
- くる 쿠루 오다
- する 스루 하다

④ **조사**

다른 단어 뒤에 붙여 문법적인 의미를 부여합니다. 문장성분을 정하는 격조사, 뜻을 분명하게 밝히는 부조사, 문장을 연결하는 접속조사, 문장의 맨끝에서 말하는 사람의 추가적인 의미를 전달하는 종조사가 있습니다.

- (a) 격조사 (が, を…)
- (b) 부조사 (ばかり, ぐらい…)
- (c) 접속조사 (ので, けれど…)
- (d) 종조사 (わ, よ…)

⑤ **부사**

다른 단어를 수식하는 품사로, 양태부사, 정도부사, 시간부사, 진술부사가 있습니다.

- (a) 양태부사 (ゆっくり…)
- (b) 정도부사 (すこし…)
- (c) 시간부사 (まもなく…)
- (d) 진술부사 (たぶん…)

⑥ **조동사**

다른 단어에 붙어 의미를 추가합니다. 보통 동사 어간 뒤에서 다양한 문법적인 뜻을 더해 줍니다.

⑦ **연체사**

명사를 수식하며 활용하지 않습니다.

⑧ **접속사**

문장과 문장, 단어와 단어를 연결하는 품사입니다.

⑨ **감동사**

감정을 나타내는 품사입니다.

⑩ **응답사**

대답을 나타내는 품사입니다.

(6) 일본어의 문장부호

마침표 (くてん)	。	문장의 끝에 써서 문장의 끝맺음을 알려 주는 부호입니다.
쉼표 (とうてん)	、	문장 속에서 대각선으로 비스듬하게 찍는 점입니다.
중점 (なかぐろ)	・	명사, 대명사를 나열할 때 쓰는 가운데 점인데, 외국인의 이름을 표기할 때 성과 이름 사이에 사용하기도 합니다.
꺾쇠괄호 (かぎかっこ)	「 」	우리의 따옴표처럼 인용문이나 회화문을 나타낼 때 사용합니다.
이중 꺾쇠괄호 (にじゅう かぎかっこ)	『 』	참고문헌, 작품 이름 등을 표기할 때 쓰는 부호로, 꺾쇠괄호 안에 괄호가 필요할 때도 사용합니다.

Tip. 일본어의 공식 문서에서는 물음표나 느낌표를 쓰지 않고 모두 마침표를 씁니다.
일본어의 문장부호는 반각이 아닌 전각입니다.

(7) 일본어의 특징

① 일본어에는 기본적으로 띄어쓰기가 없습니다. 따라서 문장부호가 중요한 역할을 합니다.

② 일본어의 체언에는 성(性), 수(數), 인칭의 변화가 없고, 사람의 경우에만 복수형을 나타내는 어미를 붙일 수 있습니다. 또, 우리말처럼 격조사를 붙여 문장성분(주어, 목적어 등)을 나타낼 수 있습니다.

③ 일본어에서는 형용사와 동사가 서술어가 될 수 있습니다.

④ 일본어는 **주어＋목적어＋서술어** 어순이며, 수식어가 피수식어 앞에 옵니다.

⑤ 일본어의 동사와 형용사는 어미를 활용하여 다양하게 쓸 수 있습니다.

3. 일본어 발음

일본어 발음은 청음, 탁음, 반탁음, 요음으로 나뉩니다.

(1) 청음

▶ MP3. 00-2

'맑은 소리'라는 뜻으로, 오십음표에 있는 글자 그대로 읽히는 글자입니다.

① あ행 & ア행

う의 발음은 '우'와 '으'의 중간 발음에 가까우므로, 우리말처럼 입술을 내밀어 둥글게 만들지 말고 평평하게 만든 상태에서 발음합니다.

あ 아	い 이	う 우	え 에	お 오
あめ	いす	うどん	えび	おでん
아메	이스	우동	에비	오뎅
비	의자	우동	새우	오뎅

ア 아	イ 이	ウ 우	エ 에	オ 오
アジア	イギリス	ウェブ	エレベーター	オムレツ
아지아	이기리스	웨브	에레베-타-	오므레츠
아시아	영국	웹	엘리베이터	오믈렛

② か행 & カ행

우리말의 'ㄲ'과 'ㅋ'의 중간 발음입니다.
첫 음절에서는 'ㅋ'에 가깝게, 중간이나 끝에서는 'ㄲ'에 가깝게 발음합니다.

か 카	き 키	く 쿠	け 케	こ 코
かさ	き	くも	けしき	こども
카사	키	쿠모	케시끼	코도모
우산	나무	구름	경치	아이

カ 카	キ 키	ク 쿠	ケ 케	コ 코
カード	キー	クリーム	ケーキ	コート
카-도	키-	쿠리-므	케-키	코-토
카드	열쇠	크림	케이크	코트

③ **さ행 & サ행**

さ 사	し 시	す 스	せ 세	そ 소
さくら 사꾸라 벚꽃	しか 시까 사슴	すし 스시 초밥	せんせい 센세- 선생님	そら 소라 하늘

サ 사	シ 시	ス 스	セ 세	ソ 소
サラダ 사라다 샐러드	シーソー 시-소- 시소	スキー 스키- 스키	セーター 세-타- 스웨터	ソウル 소우르 서울

④ **た행 & タ행**

ち와 チ는 '치'에, つ와 ツ는 '츠'에 가까운 발음인 것에 주의합니다.
た, て, と는 첫 음절에서는 'ㅌ'에 가깝게, 그 외에는 'ㄸ'에 가깝게 발음합니다.

た 타	ち 치	つ 츠	て 테	と 토
たこ 타꼬 문어	ちち 치찌 아버지	つゆ 츠유 장마	て 테 손	とけい 토께- 시계

タ 타	チ 치	ツ 츠	テ 테	ト 토
タクシー 타쿠시- 택시	チーズ 치-즈 치즈	ツアー 츠아- 투어	テレビ 테레비 텔레비전	トイレ 토이레 화장실

⑤ **な행 & ナ행**

な 나	に 니	ぬ 누	ね 네	の 노
なつ 나쯔 여름	にく 니꾸 고기	いぬ 이누 개	ねこ 네꼬 고양이	のり 노리 김

ナ 나	ニ 니	ヌ 누	ネ 네	ノ 노
ナイフ 나이후 칼	ニュース 뉴-스 뉴스	ヌードル 누-도루 누들	ネクタイ 네쿠타이 넥타이	ノート 노-토 공책

⑥ は행 & ハ행

は 하	ひ 히	ふ 후	へ 헤	ほ 호
はな 하나 꽃	ひこうき 히꼬-끼 비행기	ふく 후꾸 옷	へや 헤야 방	ほし 호시 별

ハ 하	ヒ 히	フ 후	ヘ 헤	ホ 호
ハイキング 하이킹구 하이킹	ヒーロー 히-로- 히어로, 영웅	フリーランサー 후리-란사- 프리랜서	ヘア 헤아 헤어, 머리털	ホテル 호테루 호텔

⑦ ま행 & マ행

⑧ や행 & ヤ행

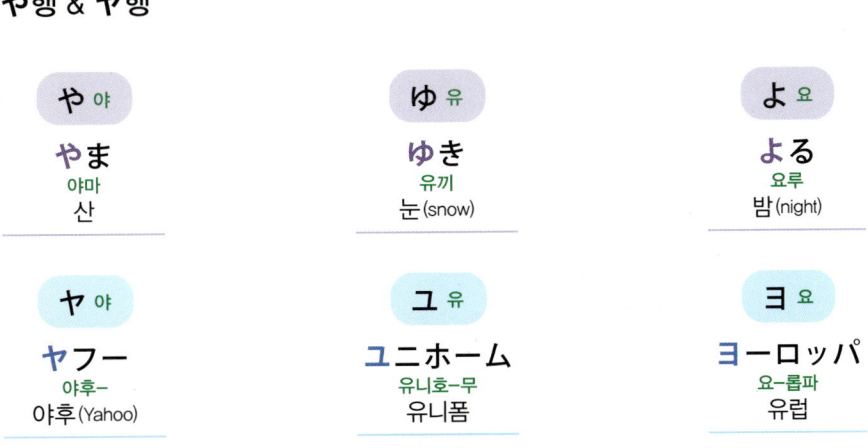

⑨ **ら행 & ラ행**

ら 라	り 리	る 루	れ 레	ろ 로
らいねん 라이넹 내년	りんご 링고 사과	るす 루스 부재중	れんらく 렌라꾸 연락	ろく 로꾸 6, 여섯

ラ 라	リ 리	ル 루	レ 레	ロ 로
ラーメン 라-멩 라멘	リング 링구 반지	ルーム 루-무 룸(room)	レモン 레몽 레몬	ロボット 로봇토 로보트

⑩ **わ행 & ワ행**

を는 목적격 조사 '〜을/를'로만 쓰이며, 발음은 お와 같습니다.

   Tip. ヲ는 현재 형식상만 남아 있고 거의 사용하지 않습니다.

わ 와				を 오
わたし 와따시 나, 저				を 오

ワ 와				ヲ 오
ワイン 와잉 와인				ヲ 오

⑪ ん & ン

우리말의 받침 역할로만 쓰이고, 단어의 첫머리에 오지 않습니다.

Tip. ん과 ン은 뒤에 오는 음에 따라 발음이 달라집니다.

(a) ま/マ, ば/バ, ぱ/パ행 앞에서는 'ㅁ'으로 발음됩니다.

(b) さ/サ, ざ/ザ, た/タ, だ/ダ, な/ナ, ら/ラ행 앞에서는 'ㄴ'으로 발음됩니다.

(c) か/カ, が/ガ행 앞에서는 'ㅇ'으로 발음됩니다.

(d) あ/ア, は/ハ, や/ヤ, わ/ワ행 앞과 ん/ン으로 끝날 때는 'ㄴ'과 'ㅇ'의 중간음으로 발음되고, 표기는 보통 'ㅇ'으로 합니다.

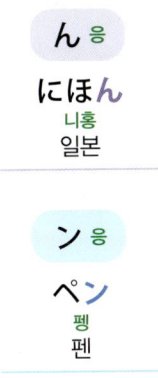

ん 응

にほん
니홍
일본

ン 응

ペン
펭
펜

(2) 탁음

▶ MP3. 00-3

か, さ, た, は행 글자의 오른쪽 위에 탁점(˝)을 붙인 글자로, 성대를 울려서 발음합니다.

Tip. ぢ/ヂ와 づ/ヅ는 じ/ジ와 ず/ズ에 합류되어 특별한 경우 외에는 쓰이지 않습니다.

	が 가	ぎ 기	ぐ 구	げ 게	ご 고
が행	がっこう 각꼬- 학교	ぎんこう 깅꼬- 은행	ぐあい 구아이 분위기	げんざい 겐자이 현재	ごぜん 고젠 오전
	ざ 자	じ 지	ず 즈	ぜ 제	ぞ 조
ざ행	ざっし 잣시 잡지	じかん 지깡 시간	ずっと 즛또 쭉, 줄곧	ぜんぜん 젠젠 전혀	ぞうきん 조-낑 걸레
	だ 다	ぢ 지	づ 즈	で 데	ど 도
だ행	だいこん 다이꽁 무	*	*	でんわ 뎅와 전화	どこ 도꼬 어디
	ば 바	び 비	ぶ 부	べ 베	ぼ 보
ば행	ばんごう 방고- 번호	びょういん 뵤-잉 병원	ぶんがく 붕가꾸 문학	べつに 베쯔니 별로, 따로	ぼうし 보-시 모자

	ガ 가	ギ 기	グ 구	ゲ 게	ゴ 고
ガ행	ガソリン 가소링 가솔린, 휘발유	ギター 기타- 기타(악기)	グループ 구루-프 그룹	ゲーム 게-무 게임	ゴム 고무 고무
	ザ 자	ジ 지	ズ 즈	ゼ 제	ゾ 조
ザ행	ザイル 자이루 자일(등산용 밧줄)	ジグザグ 지그자구 지그재그	ズボン 즈봉 바지	ゼロ 제로 0, 제로	ゾウ 조- 코끼리
	ダ 다	ヂ 지	ヅ 즈	デ 데	ド 도
ダ행	ダイヤモンド 다이야몬도 다이아몬드	*	*	デザート 데자-토 디저트	ドア 도아 문
	バ 바	ビ 비	ブ 부	ベ 베	ボ 보
バ행	バス 바스 버스	ビール 비-루 맥주	ブラシ 브라시 빗	ベッド 벳도 침대	ボール 보-루 공

(3) 반탁음

は행 글자의 오른쪽 위에 반탁점(°)을 붙인 글자입니다.

▶ MP3. 00-4

ぱ행	ぱ 파 **ぱちぱち** 파찌빠찌 깜박깜박	ぴ 피 **ぴんと** 핀또 쑥, 즉각	ぷ 푸 **ぷくぷく** 푸꾸뿌꾸 보글보글	ぺ 페 **ぺらぺら** 페라뻬라 재잘재잘	ぽ 포 **ぽかぽか** 포까뽀까 따끈따끈
パ행	パ 파 **パスポート** 파스포ー토 여권	ピ 피 **ピクニック** 피쿠닉쿠 소풍, 피크닉	プ 푸 **プール** 푸ー루 풀, 수영장	ペ 페 **ページ** 페ー지 페이지	ポ 포 **ポイント** 포인토 포인트

기초 다지기 25

(4) 요음

▶ MP3. 00-5

い단의 'き/キ, ぎ/ギ, し/シ, じ/ジ, ち/チ, に/ニ, ひ/ヒ, び/ビ, ぴ/ピ, み/ミ, り/リ' 뒤에 や행의 や/ヤ, ゆ/ユ, よ/ヨ를 작게 써서 표기한 것입니다. 한 음절로 발음합니다.

히라가나			가타카나		
きゃ 캬	きゅ 큐	きょ 쿄	キャ 캬	キュ 큐	キョ 쿄
ぎゃ 갸	ぎゅ 규	ぎょ 교	ギャ 갸	ギュ 규	ギョ 교
しゃ 샤	しゅ 슈	しょ 쇼	シャ 샤	シュ 슈	ショ 쇼
じゃ 쟈	じゅ 쥬	じょ 죠	ジャ 쟈	ジュ 쥬	ジョ 죠
ちゃ 챠	ちゅ 츄	ちょ 쵸	チャ 챠	チュ 츄	チョ 쵸
にゃ 냐	にゅ 뉴	にょ 뇨	ニャ 냐	ニュ 뉴	ニョ 뇨
ひゃ 햐	ひゅ 휴	ひょ 효	ヒャ 햐	ヒュ 휴	ヒョ 효
びゃ 뱌	びゅ 뷰	びょ 뵤	ビャ 뱌	ビュ 뷰	ビョ 뵤
ぴゃ 퍄	ぴゅ 퓨	ぴょ 표	ピャ 퍄	ピュ 퓨	ピョ 표
みゃ 먀	みゅ 뮤	みょ 묘	ミャ 먀	ミュ 뮤	ミョ 묘
りゃ 랴	りゅ 류	りょ 료	リャ 랴	リュ 류	リョ 료

- きゃく 캬꾸 손님
- しゃちょう 샤쪼- 사장
- しゅみ 슈미 취미
- ニュース 뉴-스 뉴스
- ひゃく 햐꾸 100, 백
- りょうり 료-리 요리
- きんぎょ 킹교 금붕어
- かのじょ 카노죠 그녀, 여자 친구
- チョコレート 쵸코레-토 초콜릿
- にゃんにゃん 냥냥 야옹야옹
- ミュージック 뮤-직쿠 뮤직
- りょかん 료깡 여관

(5) 장음

앞 글자의 음을 길게 끌어서 발음하는 것을 말합니다. 글자 뒤에 **あ**행이 오면 앞의 발음을 길게 합니다. 가타카나의 장음은 'ー'로 나타냅니다.

① **あ**단+**あ**
- おか**あ**さん 오까-상 어머니
- おば**あ**さん 오바-상 할머니

② **い**단+**い**
- おに**い**さん 오니-상 형, 오빠
- おおき**い** 오-끼- 크다

③ **う**단+**う**
- く**う**き 쿠-끼 공기
- す**う**がく 수-가꾸 수학

④ **え**단+**い** / **え**단+**え**
- せんせ**い** 센세- 선생님
- おね**え**さん 오네-상 누나, 언니

⑤ **お**단+**う** / **お**단+**お**
- こ**う**べ 코-베 고베
- お**お**さか 오-사까 오사카

⑥ 요음+**う**
- とうきょ**う** 토-꾜- 도쿄
- しゅ**う**まつ 슈-마쯔 주말

⑦ 가타카나의 장음 'ー'
- ビール 비-루 맥주
- コーヒー 코-히- 커피

(6) 촉음
▶ MP3. 00-7

'か/カ, さ/サ, た/タ, ぱ/パ' 행 앞에 작게 쓰는 촉음 'っ'는 받침 소리가 됩니다. 촉음 'っ'는 つ를 작게 쓴 것으로, 바로 뒤에 오는 글자의 영향을 받아 발음합니다.

① 촉음은 か/カ행 앞에서 k로 발음되며, 우리말의 **받침** ㄱ에 가깝습니다.

- がっこう 각꼬- 학교
- かっこいい 칵꼬이- 멋있다, 근사하다

② 촉음은 さ/サ행 앞에서 s로 발음되며, 우리말의 **받침** ㅅ에 가깝습니다.

- ざっし 잣시 잡지
- まっすぐ 맛스구 똑바로, 곧장

③ 촉음은 た/タ행 앞에서 t로 발음되며, 우리말의 **받침** ㅅ에 가깝습니다.

- きって 킷떼 우표
- まったく 맛따꾸 완전히; 전혀

④ 촉음은 ぱ/パ행 앞에서 p로 발음되며, 우리말의 **받침** ㅂ에 가깝습니다.

- いっぱい 입빠이 한 잔, 가득
- しっぽ 십뽀 꼬리

Tip. いっぱい는 뜻에 따라 강세가 다른데,
녹음에서 첫 번째 '입빠이'는 '한 잔'이라는 뜻이고, 두 번째 '입빠이'는 '가득'이라는 뜻입니다.

Unit 1
처음 뵙겠습니다.
はじめまして。
하지메마시떼

< 학습 목표 >

1. [명사] + です。: [명사]입니다. (명사 서술문)
2. [명사] + ですか。: [명사]입니까? (명사 의문문)
3. [명사] + ではありません。: [명사]가 아닙니다. (명사 부정문)
4. お/ご + 단어 (정중한 표현)

입에서 바로 나오는 술술 회화

이효민과 야마모토가 처음 만나서 인사를 나눕니다.

이효민: ¹⁻¹ はじめまして。イヒョミン² ともうします。
하지메마시떼.　　　　　이 효민또　　　　모-시마스

야마모토: ⁵⁻¹ 私³は山本淳一ともうします。
와따시와　야마모또 쥰이찌또　　모-시마스

이효민: ¹⁻² どうぞよろしくおねがいします。
도-조　　요로시꾸　　　오네가이시마스

야마모토: ¹⁻³ こちらこそおせわになります。
코찌라꼬소　　오세와니　　　나리마스

이효민: 私はりゅうがくせいです。
와따시와　류-각세-데스

⁵⁻² あなた⁴もがくせいですか。
아나따모　　　각세-데스까?

야마모토: ⁶ いいえ、私はがくせいではありません。
이-에,　와따시와 각세-데와　　아리마셍

私はかいしゃいんです。
와따시와　카이샤인데스

단어

- ~ともうす ~라고 (말)하다
- 私(わたし) 나, 저
- は 은, 는
- りゅうがくせい 유학생
- あなた 당신
- も ~도
- がくせい 학생
- か 의문을 나타내는 말
- かいしゃいん 회사원

 해석

이효민　처음 뵙겠습니다. 이효민이라고 합니다.
야마모토　저는 야마모토 준이치라고 합니다.
이효민　잘 부탁드립니다.
야마모토　저야말로 신세 지겠습니다.
이효민　저는 유학생입니다.
　　　　당신도 학생입니까?
야마모토　아니요, 저는 학생이 아닙니다.
　　　　저는 회사원입니다.

 해설

1. 첫 만남의 인사

처음 만났을 때 공식처럼 하는 인사말을 잘 외워둡니다.

- はじめまして。 처음 뵙겠습니다.
- どうぞよろしく(おねがいします)。 잘 부탁드립니다.
- こちらこそ(おせわになります)。 저야말로 (신세 지겠습니다).

2. ~ともうします

보통 '내 이름은 ~입니다'는 私のなまえは~です。 와따시노 나마에와 ~데스 라고 합니다. 좀 더 격식을 갖춰서 말할 때는 '~ともうします'라고 합니다.

■ の 노 ~의　■ なまえ 나마에 이름

3. は

우리말의 '은/는'에 해당하는 일본어 조사는 は 입니다. 원래 발음은 [하]이지만, 조사로 쓰일 때는 발음이 [와]입니다.
참고로 '이/가'에 해당하는 일본어 조사는 が 가입니다.

4. も

우리말로 '나도, 너도'에서 '~도'는 일본어로 も라고 합니다.

5. 인칭 대명사

나를 가리키는 私わたし는 정중한 표현이 되지만, 편한 사이에서는 주로 여자가 씁니다.
남자는 ぼく 보꾸나 おれ 오레라고 하는데, おれ가 좀 더 가벼운 표현입니다.
상대방을 가리키는 말은 あなた입니다.
'그'는 かれ 카레, '그녀'는 かのじょ 카노죠 라고 합니다.

6. いいえ

いいえ는 '아니요'라는 부정의 대답입니다. 긍정의 대답은 はい 하이라고 합니다.
참고로 편한 사이에서는 'うん 웅 응', 'いや 이야 아니'라고 할 수 있습니다.

입에서 바로 나오는 술술 회화

학교에서 마주친 김지나와 와타나베가 가족의 안부를 묻고 있습니다.

김지나 ¹こんにちは。²おひさしぶりです。
콘니찌와.　　　　　오히사시부리데스

³おげんきですか。
오겡끼데스까?

와타나베 はい、⁴おかげさまで。
하이,　　오까게사마데

ごかぞくはどうですか。
고까조꾸와　　　도-데스까?

김지나 かぞくみんなげんきです。
카조꾸　　민나　　겡끼데스

와타나베 では、⁵またあした。
데와,　　마따　아시따

단어

- ひさしぶり 오래간만
- げんき 건강한 모양
- おかげ 덕택, 덕분
- かぞく 가족
- どうですか 어떻습니까
- みんな 모두, 전부
- では 그러면, 그럼
- また 또, 다시
- あした 내일

 해석

김지나 안녕하세요. 오랜만이에요.
       잘 지내셨어요?

와타나베 네, 덕분이에요.
       가족분들은요?

김지나 가족들 모두 잘 지내요.

와타나베 그럼, 내일 만나요.

 해설

 3강

1. こんにちは。

만날 때 하는 인사말은 때에 따라 구별하여 씁니다. 아침 인사는 **おはよう.** 오하요-인데, 윗사람에게는 공손하게 **おはようございます.** 오하요- 고자이마스 라고 합니다. 낮에 만나면 **こんにちは.** 콘니찌와, 저녁에 만나면 **こんばんは.** 콤방와 라고 합니다. 회사 상사나 거래처에 처음 인사할 때는 **こんにちは**나 **こんばんは** 대신 좀 더 정중한 인사말이 좋습니다. 때에 따른 이 세 가지 인사말은 시간을 정확하게 정해 놓고 쓰지는 않습니다. **おはよう**는 처음 만난 사이라면 낮이라도 쓸 수 있는데, 예를 들어 교대 업무로 출근 시간이 저녁인 경우에 **おはよう**라고 인사합니다.

2. おひさしぶりです。

ひさしぶり는 '오래간만'이라는 뜻인데, 앞에 **お**, 뒤에 **です**를 붙여 정중한 표현이 됩니다. 편한 사이에서는 간단히 **ひさしぶり, ひさしぶりね** 등으로 하면 됩니다.

3. おげんきですか。

이 표현은 유명한 일본 영화인 〈러브레터〉에 나온 명대사로, 일본어를 모르는 사람도 들어 본 말입니다. 직역하면 '건강합니까?'라는 뜻인데, '잘 지내요?'라고 안부를 묻는 표현입니다.

4. おかげさまで。

남에게 받은 도움이나 친절에 대해 감사의 마음을 담아 하는 인사말인데, 안부를 묻는 상대방에게 하는 답변으로도 자주 사용합니다.

5. またあした。

'내일 만나요'라는 뜻으로, 헤어질 때 하는 인사말입니다.

1. [명사]+です。　　[명사]입니다.

'[명사]+です'는 명사 서술문으로 です는 정중한 표현입니다.
말투나 분위기에 따라 '〜입니다' 또는 '〜이에요'라고 해석할 수 있습니다.

* 私はがくせいです。　　저는 학생입니다.
　와따시와 각세-　　데스

　私はりゅうがくせいです。　　저는 유학생입니다.
　　　　류-각세-

　私はだいがくせいです。　　저는 대학생입니다.
　　　　다이각세-

* かれはかいしゃいんです。　　그는 회사원입니다.
　카레와　　카이샤인　　　　데스

　かれはせんせいです。　　그는 선생님입니다.
　　　　센세-

　かれはシェフです。　　그는 셰프입니다.
　　　　셰후

■ だいがくせい 대학생　■ せんせい 선생(님)　■ シェフ 셰프, 주방장

+plus 편한 사이에서는 です대신 だ를 붙이거나 아무것도 쓰지 않습니다.

* 私はがくせいだ。　　나는 학생이다.
　와따시와 각세-　　다

* かれはかいしゃいん。　　그는 회사원이야.
　카레와　카이샤잉

2. [명사]+ですか。　　[명사]입니까?

1번에서 만든 문장을 의문문으로 만들려면 です에 か를 붙입니다.

* **あなたはがくせいですか。**　　당신은 학생입니까?
  아나따와　　각세-　　데스까?

　あなたはりゅうがくせいですか。　　당신은 유학생입니까?
  　　　　　　류-각세-

　あなたはだいがくせいですか。　　당신은 대학생입니까?
  　　　　　　다이각세-

* **かれはかいしゃいんですか。**　　그는 회사원입니까?
  카레와　　카이샤인　　데스까?

　かれはせんせいですか。　　그는 선생님입니까?
  　　　　센세-

　かれはシェフですか。　　그는 셰프입니까?
  　　　　셰후

Tip. 일본어에서는 의문문에 '?'를 쓰지 않는다?
서양의 표기법을 받아들이면서 '?'를 쓰기도 하지만, 공식적으로는 쓰지 않습니다.

+plus 편한 사이에서는 끝에 조사 の를 붙이거나 따로 붙이는 말 없이 말끝을 올립니다.

* **あなたはがくせいの?**　　너는 학생이니?
  아나따와　　각세-노?

* **かれはかいしゃいん?**　　그는 회사원이니?
  카레와　　카이샤잉?

실력을 다지는 탄탄 문법 & 표현

3. [명사]+ではありません。　[명사]가 아닙니다.

명사 서술문을 부정형으로 쓰려면 です 대신 ではありません을 씁니다. 좀 더 회화체 느낌으로 '~じゃありません' 또는 '~じゃないです'라고 할 수 있습니다.

* 私はがくせい**ではありません**。　　　저는 학생이 아닙니다.
  와따시와 각세-데와　　　　아리마셍

  私はがくせい**じゃありません**。
  　　　　각세-쟈　　　　아리마셍

  私はがくせい**じゃないです**。
  　　　　각세-쟈　　　나이데스

* かれはかいしゃいん**ではありません**。　그는 회사원이 아닙니다.
  카레와　　카이샤인데와　　　　　아리마셍

  かれはかいしゃいん**じゃありません**。
  　　　　　카이샤인쟈　　　　아리마셍

  かれはかいしゃいん**じゃないです**。
  　　　　　카이샤인쟈　　　나이데스

+plus 편한 사이에서는 '~じゃない'라고 합니다.

* 私はがくせい**じゃない**。　　　나는 학생이 아니야.
  와따시와 각세-쟈　　　나이

* かれはかいしゃいん**じゃない**。　그는 회사원이 아니야.
  카레와　　카이샤인쟈　　　나이

4. お/ご + 단어

단어 앞에 お나 ご를 붙이면 정중한 표현이 됩니다. 일반적으로는 고유어에 お를 붙이고, 한자어에 ご를 붙이는데, 반드시 그렇지는 않습니다. 상대방을 존중하는 의미로 쓰이기 때문에, 말하는 사람 쪽과 관련된 사람이나 사물에는 붙이지 않습니다.

A ごかぞくはおげんきですか。 가족분들은 잘 지내세요?
고까조꾸와   오겡끼데스까?

B かぞくはげんきです。 가족들은 잘 지내요.
카조꾸와   겡끼데스

A는 상대방 B의 **かぞく**(가족)에 대해 정중하게 **ご**를 붙여 **ごかぞく** 라고 합니다.
B는 자신의 가족에 대해 말하는 것이기 때문에 **ご**를 붙이지 않습니다.
げんき 역시 상대방에게 쓸 때는 **お**를 붙입니다.

お + 단어

* **おなまえ** 이름/성함
  오나마에
* **おしょくじ** 식사
  오쇼꾸지
* **おさら** 접시
  오사라
* **おさけ** 술
  오사께

ご + 단어

* **ごはん** 밥/식사
  고항
* **ごれんらく** 연락
  고렌라꾸
* **ごあんない** 안내
  고안나이
* **ごちゅうい** 주의
  고쮸ー이

 **배운 것 확인하는 꼼꼼 연습문제**

1. 해당하는 단어를 서로 연결하세요.

   ① 학생 •   • せんせい

   ② 선생님 •   • かぞく

   ③ 가족 •   • かいしゃいん

   ④ 회사원 •   • がくせい

2. 우리말에 해당하는 표현을 [보기]에서 찾아 쓰세요.

   [보기]
   おかげさまで　　どうぞよろしくおねがいします
   はじめまして　　こちらこそおせわになります

   ① 처음 뵙겠습니다.
   → _____ 。

   ② 잘 부탁드립니다.
   → _____ 。

   ③ 저야말로 신세 지겠습니다.
   → _____ 。

   ④ 덕분이에요.
   → _____ 。

p.233

3. 우리말을 보고 빈칸에 알맞은 말을 써넣으세요.

① 저는 유학생이에요.

→ わたし____ りゅうがくせい____ ____。

② 그는 셰프입니다.

→ かれ____ シェフ____ ____。

③ 당신은 회사원입니까?

→ あなた____ かいしゃいん____ ____ ____。

④ 저는 학생이 아닙니다.

→ わたしはがくせい_____。

4. 다음 우리말을 일본어로 바꿔 쓰세요.

① 당신도 학생입니까?

→ _____。

② 오래간만입니다.

→ _____。

③ 잘 지내셨어요?

→ _____。

④ 가족분들은요?

→ _____。

재미를 더하는 일본 엿보기

일본인의 이름

일본인들은 보통 네 글자의 한자로 이루어진 이름을 쓰는데, 앞의 두 글자가 성씨, 뒤의 두 글자가 이름입니다. 물론, 아닌 경우도 종종 있습니다. 일본에는 30만여 개의 성씨가 있다고 알려져 있는데, 그만큼 성씨가 다양하여 서로를 부를 때 성씨만 부르는 경우도 흔합니다. 사람을 부를 때는 서로의 관계가 어떠냐에 따라 부르는 법이 다른데, 그냥 이름이나 성씨만 부르기보다는 이름이나 성씨에 さん 상을 붙이는 것이 가장 보편적이고, 더 정중하게 표현하려면 さま 사마를 붙입니다. 아이나 동년배 또는 손아랫사람을 부를 때는 ちゃん 쨩이나 くん 쿵을 붙이기도 합니다.

Tip. くん은 주로 남자에게만 씁니다.

원래 일본인은 성을 가지는 것이 무사나 귀족 계층만이 혈연 집단을 구별하기 위해 가질 수 있었던 특권이었으나, 메이지 유신 이후 모든 사람이 성과 이름을 가져야 한다고 법으로 공표하며 일반 백성들도 성과 이름을 갖게 되었습니다.

일본에서 많이 볼 수 있는 성씨는 다음과 같습니다.

- 佐藤 さとう 사또-
- 鈴木 すずき 스즈끼
- 高橋 たかはし 타까하시
- 田中 たなか 타나까
- 伊藤 いとう 이또-
- 渡辺 わたなべ 와따나베
- 山本 やまもと 야마모또
- 中村 なかむら 나까무라
- 小林 こばやし 코바야시
- 加藤 かとう 카또-
- 吉田 よしだ 요시다
- 山田 やまだ 야마다

Unit 2
정말 미안해요.
ほんとうにすみません。
혼또-니 스미마셍

< 학습 목표 >
1. 기본 숫자
2. 나이를 묻고 답하는 표현
3. ~の: ~의
4. 지시 대명사
5. 감사의 표현
6. 사과의 표현

 입에서 바로 나오는 **술술 회화**  MP3.02-1

김지나가 타카하시에게 생일을 축하하며 선물을 주고 있습니다.

김지나 ¹**おたんじょうびおめでとうございます。**
오딴죠-비   오메데또-   고자이마스

타카하시 ²**どうも。**
도-모

김지나 ³**ことしおいくつになりますか。**
코또시   오이꾸쯔니   나리마스까?

타카하시 **さんじゅうご**
35さいです。
산쥬-고사이데스

김지나 **これはあなたへのたんじょうび⁴プレゼントです。**
코레와   아나따에노   탄죠-비   프레젠토데스

타카하시 **ありがとうございます。**
아리가또-   고자이마스

단어

- たんじょうび 생일　■ おめでとうございます 축하합니다　■ どうも 정말, 매우
- ことし 올해, 금년　■ いくつ 몇 살　■ ~になりますか ~이 됩니까?　■ さい ~세, ~살 (나이를 세는 단위)
- これ 이것, 이　■ へ ~에, ~에게　■ の ~의; ~인 것　■ プレゼント 선물

김지나	생일 축하합니다.
타카하시	고맙습니다.
김지나	올해 나이가 어떻게 되세요?
타카하시	35살입니다.
김지나	이것은 당신의 생일 선물입니다.
타카하시	감사합니다.

1. おたんじょうび

たんじょうび는 '생일'이라는 단어인데, 여기에 존경을 나타내는 お를 붙여서 '생신'이라는 표현이 됩니다.
참고로 아이들 생일에도 おたんじょうびおめでとう。라고 축하하기도 합니다.

2. どうも

どうも는 '정말, 매우'라는 단어인데, 고맙거나 미안하거나 실례할 때 이 단어 하나로 해결이 됩니다. 해석은 상황에 알맞게 합니다.
본문에서는 축하해 주는 상대방에게 고맙다고 하는 상황이므로, 고맙다고 해석합니다.

- **どうも**(ありがとう)。
  정말 고마워요.
- **どうも**(しつれいしました)。
  매우 실례했습니다.
- **どうも**(すみません)。
  정말 미안해요.

3. ことしおいくつになりますか。

이 문장을 직역하면 '올해 몇 살이 됩니까?'라는 뜻인데, 대화문에서 타카하시는 생일날 나이가 바뀌는 것이므로 김지나가 물어보는 상황입니다.
보통 나이를 물어볼 때는 **おいくつですか**。 오이꾸쯔데스까?라고 하면 됩니다.
ことし는 '올해, 금년'이라는 뜻입니다.

- **きょねん** 쿄넹 작년
- **らいねん** 라이넹 내년

4. プレゼント

'선물'이라는 영어 present에서 온 단어이며, 가타카나로 표기합니다.

- **たんじょうびプレゼント**
  생일 선물
- **クリスマスプレゼント**
  크리스마스 프레젠토 크리스마스 선물

입에서 바로 나오는 술술 회화 ②

약속 시간에 늦은 김지나가 와타나베에게 사과를 하고 있습니다.

김지나 　おくれて、ごめんなさい。
　　　　오꾸레떼,　　　고멘나사이

와타나베 ¹大丈夫です。
　　　　다이죠-부데스

　　　　³⁻¹バスにのりおくれました。
　　　　바스니　　노리　오꾸레마시따

　　　　もうすぐじゅぎょうです²ので。
　　　　모- 스구　　쥬교-데스노데

　　　　³⁻²タクシーにのりましょう。
　　　　탁시-니　　　노리마쇼-

김지나 　あ、ぜんぶ私のせいです。
　　　　아,　젬부　와따시노 세-데스

　　　　⁴ほんとうに⁵すみません。
　　　　혼또-니　　　스미마셍

단어
- おくれて 늦어서 ■ もうすぐ 이제 곧, 머지않아 ■ じゅぎょう 수업 ■ ので ~때문에
- バス 버스 ■ ~にのりおくれました ~을 놓쳤습니다, ~을 못 탔습니다 ■ タクシー 택시
- のりましょう 탑시다 ■ ぜんぶ 전부 ■ せい 탓, 이유 ■ ほんとうに 참으로, 정말로

김지나 늦어서 미안해요.

와타나베 괜찮아요.
버스를 놓쳤어요.
곧 수업이기 때문에.
택시를 탑시다.

김지나 아, 전부 제 탓이에요.
정말 미안해요.

1. 大丈夫(だいじょうぶ)です。

한자를 보면 '대장부'라는 말인데, 의미는 의외로 '괜찮다'라는 뜻입니다. 상대방이 사과를 할 때 쓸 수 있는 대답입니다.
기본형이 大丈夫(だいじょうぶ)だ인 형용사입니다.

2. ので

ので는 '~이니까, ~때문에'라는 뜻으로 이유를 나타내는 조사입니다.

3. バス & タクシー

バス와 タクシー는 외래어에서 온 단어이므로, 가타카나로 표기합니다.

4. ほんとうに

ほんとう는 '정말, 진짜'라는 뜻으로 に를 붙여 부사로 쓰입니다. 우리도 '정말?', '정말이에요?'라는 말을 자주 하듯이 일본인들도 많이 쓰는 말입니다.

- ほんとうですか。 혼또-데스까?
  정말이에요?
- ほんとうです。 혼또-데스
  정말이에요.
- ほんとう？ 혼또-?
  정말(이야)?
- ほんとうだ。 혼또-다
  정말(이야).

5. すみません。

すみません은 좀 더 발음하기 편한 すいません 스이마셍이라고 할 수도 있습니다. 또한 친한 남성들 사이에서는 すまない 스마나이, すまん 스망이라고도 합니다.

 실력을 다지는 **탄탄 문법 & 표현**

문법 강의

7강

1. 기본 숫자

기본적으로 사용하는 숫자에 대해 알아봅시다.

0, 영	1, 하나	2, 둘	3, 셋	4, 넷
れい/ゼロ 레- / 제로	いち 이찌	に 니	さん 상	*し/よん 시 / 용
5, 다섯	**6, 여섯**	**7, 일곱**	**8, 여덟**	**9, 아홉**
ご 고	ろく 로꾸	*しち/なな 시찌 / 나나	はち 하찌	きゅう/く 큐- / 쿠

Tip. し(4)는 よん, しち(7)는 なな라고도 하는데, 이는 し는 に로, しち는 いち로 잘못 알아들을 수 있기 때문입니다. 특히 철도 등 교통편 관련 종사자들은 よん, なな라고 합니다.

10, 열	20, 스물	30, 서른	40, 마흔	50, 쉰
じゅう 쥬-	にじゅう 니쥬-	さんじゅう 산쥬-	よんじゅう 욘쥬-	ごじゅう 고쥬-
60, 예순	**70, 일흔**	**80, 여든**	**90, 아흔**	**100, 백**
ろくじゅう 로꾸쥬-	ななじゅう 나나쥬-	はちじゅう 하찌쥬-	きゅうじゅう 큐-쥬-	ひゃく 햐꾸

1,000, 천	10,000, 만
せん 셍	いちまん 이찌망

Tip. 10,000은 그냥 まん이 아니라, いち를 붙여 いちまん이라고 합니다.

하나	둘	셋	넷	다섯
ひとつ 히또쯔	ふたつ 후따쯔	みっつ 밋쯔	よっつ 욧쯔	いつつ 이쯔쯔
여섯	**일곱**	**여덟**	**아홉**	**열**
むっつ 뭇쯔	ななつ 나나쯔	やっつ 얏쯔	ここのつ 코꼬노쯔	とお 토-

2. おいくつですか。 몇 살입니까?

おいくつですか。는 '몇 살입니까?'의 뜻으로, 나이를 물어볼 때 사용합니다. **なんさいですか。** 난사이데스까?라는 표현은 정중하지 않으므로 손윗사람에게는 알맞지 않습니다. 나이를 묻는 표현에 대해 대답할 때는 나이에 해당하는 숫자에 **さい**를 붙입니다.

1살	2살	3살	4살	5살
*いっさい 잇사이	にさい 니사이	さんさい 산사이	よんさい 욘사이	ごさい 고사이

6살	7살	8살	9살	10살
ろくさい 로꾸사이	ななさい 나나사이	*はっさい 핫사이	きゅうさい 큐-사이	*じゅっさい/ じっさい 줏사이 / 짓사이

20살	22살	30살	40살	50살
*はたち 하따찌	にじゅうに さい 니쥬-니사이	さんじゅっ さい 산줏사이	よんじゅっ さい 욘줏사이	ごじゅっさい 고줏사이

60살	70살	80살	90살	100살
ろくじゅっ さい 로꾸줏사이	ななじゅっ さい 나나줏사이	はちじゅっ さい 하찌줏사이	きゅうじゅっ さい 큐-줏사이	ひゃくさい 햐꾸사이

* 표시한 것의 발음에 주의하세요.

Tip. 우리는 처음 만난 사이에서 나이를 묻는 것이 보편적이지만, 일본인들은 개인적인 것에 대해 물어보는 것을 실례로 생각하기 때문에 잘 물어보지 않는 경향이 있습니다.

실력을 다지는 탄탄 문법 & 표현

3.

~の   ~의

조사 の는 '~의'라는 뜻으로, '명사/대명사+명사'의 구조 사이에 の를 넣습니다.

★ **私(わたし)のせい**   나의 탓
　와따시노 세-

かれのかばん   그의 가방
　카레노　카방

せんせいのほん   선생님의 책
　센세-노　　홍

■ かばん 가방　■ ほん 책

Tip. 우리말에서는 '~의'를 많이 생략하는 편이지만, 일본어에서는 거의 생략하지 않고 써야 하는 것에 주의합니다.

私(わたし)のにんぎょうのふくのボタン   내(나의) 인형(의) 옷의 단추
　와따시노 닌교-노　　후꾸노　보탕

■ にんぎょう 인형　■ ふく 옷　■ ボタン 단추

4. 지시 대명사

これ는 '이것'이라는 뜻의 지시 대명사로, 말하는 사람으로부터 가까이에 있는 것 (사람, 사물, 동식물)을 가리킬 때 씁니다. 듣는 상대방 쪽에 가까운 것을 가리킬 때는 'それ 소레(그것)', 말하는 사람과 듣는 상대방 모두에게서 멀리 떨어져 있는 것을 가리킬 때는 'あれ 아레(저것)', 어느 것인지 확실하지 않을 때는 'どれ 도레(어느 것)'를 씁니다. 우리말에서는 '그것'과 '저것'의 구별이 애매하지만, 일본어에서는 차이가 있으므로 주의합니다.

A **どれ**ですか。**それ**ですか。 어느 것입니까? 그것입니까?
　도레데스까?　　　소레데스까?

B **これ**じゃありません。**あれ**です。 이것은 아닙니다. 저것입니다.
　코레쟈　　　아리마셍　　　아레데스

Tip. A가 B에 가까운 것(**それ**)을 가리켜 물어볼 때, B는 자기로부터 가까운 것이기 때문에 **これ**라고 대답해야 하는 것에 주의합니다.

+plus 여러 가지 지시 대명사

사물 지시 대명사	장소 지시 대명사	방향 지시 대명사
이것 **これ** 코레	여기 **ここ** 코꼬	이쪽 **こちら** 코찌라
그것 **それ** 소레	거기 **そこ** 소꼬	그쪽 **そちら** 소찌라
저것 **あれ** 아레	저기 **あそこ** 아소꼬	저쪽 **あちら** 아찌라
어느 것 **どれ** 도레	어디 **どこ** 도꼬	어느 쪽 **どちら** 도찌라

실력을 다지는 **탄탄 문법 & 표현**

5. 감사의 표현

상대와 상황에 따라 알맞게 사용하면 좋습니다.

* **ありがとうございます。** 감사합니다.
  아리가또- 고자이마스

  どうも。 고맙습니다.
  도-모

  ありがとう。 고마워(요).
  아리가또-

  サンキュー。 땡큐.
  상큐-

  かんしゃいたします。 감사드립니다.
  칸샤   이따시마스

どうも는 앞에서 설명했듯이, 다양한 상황에서 쓸 수 있으므로 알맞게 해석해야 합니다. 잘 모르는 사이에서도 가볍게 감사 인사를 할 때 사용할 수 있는 다목적인 표현입니다.
サンキュー는 영어 'thank you'에서 온 표현으로 가타카나로 표기합니다.
かんしゃいたします는 비즈니스 상황에서 더 격식 있게 사용하는 감사의 표현입니다.

+plus 고맙다고 하는 상대에게 뭐라고 답하면 될까요?

* **どういたしまして。** 천만에요/별말씀을요.
  도-이따시마시떼

  こちらこそどうもありがとう(ございます)。 저야말로 고마워요.
  코찌라꼬소   도-모 아리가또-   (고자이마스)

  Tip. ございます를 붙이면 정중한 표현이 됩니다.

6. 사과의 표현

상대와 상황에 따라 알맞게 사용하면 좋습니다.

* **すみません。** 미안합니다/죄송합니다.
  스미마셍

  ごめんなさい。 미안합니다.
  고멘나사이

  ごめん。 미안.
  고멩

  どうも。 미안합니다.
  도-모

  もうしわけありません。 죄송합니다.
  모-시와께   아리마셍

  もうしわけございません。 죄송합니다.
  모-시와께   고자이마셍

すみません은 사과할 때 쓰지만, 호출하거나 감사할 때도 쓸 수 있는 표현입니다.
ごめんなさい는 가깝고 친한 사이에서 사용하는 사과의 표현인데,
なさい를 빼고 **ごめん**이라고 하면 좀 더 격식 없는 표현이 됩니다.
もうしわけありません과 **もうしわけございません**은 비즈니스 상황에서
더 격식 있게 사용하는 사과의 표현입니다.

+plus 사과하는 상대에게 뭐라고 답하면 될까요?

* **大丈夫です。** 괜찮습니다.
  다이죠-부데스

  いいです。 괜찮습니다.
  이-데스

Unit 02. 정말 미안해요. 51

배운 것 확인하는 꼼꼼 연습문제

1. 그림을 보고 알맞은 지시 대명사를 [보기]에서 찾아 써넣으세요.

(중복 사용 가능)

[보기]　これ　　それ　　あれ

 ①

_____ はかばんです。

_____ はプレゼントです。

_____ はほんです。

 ②

_____ はかばんです。

_____ はプレゼントです。

_____ はほんです。

2. 감사와 사과의 표현에 대해 알맞은 답과 연결하세요. (중복 연결 가능)

① かんしゃいたします。　・

　　　　　　　　　　　　・ だいじょうぶです。

② もうしわけありません。　・

③ ごめんなさい。　・

　　　　　　　　　　　　・ どういたしまして。

④ サンキュー。　・

 p.233

3. 우리말을 보고 빈칸에 알맞은 말을 써넣으세요.

① 35살입니다.

→ 35＿＿ ＿＿です。

② 감사합니다.

→ ＿＿ ＿＿ ＿＿ ＿＿ ＿＿ございます。

③ 정말 미안해요.

→ ほんとうに＿＿ ＿＿ ＿＿ ＿＿ ＿＿。

④ 올해 나이가 어떻게 되세요?

→ ことし＿＿ ＿＿ ＿＿ ＿＿になりますか。

4. 다음 우리말을 일본어로 바꿔 쓰세요.

① 생일 축하합니다.

→ ＿＿＿＿＿＿＿＿＿＿＿＿＿＿＿＿＿＿。

② 어느 것입니까?

→ ＿＿＿＿＿＿＿＿＿＿＿＿＿＿＿＿＿＿。

③ 이것은 당신의 생일 선물입니다.

→ ＿＿＿＿＿＿＿＿＿＿＿＿＿＿＿＿＿＿。

④ 제 탓이에요.

→ ＿＿＿＿＿＿＿＿＿＿＿＿＿＿＿＿＿＿。

재미를 더하는 일본 엿보기

일본의 원호(元号)

일본에 가면 당황스러운 경우를 맞닥뜨리게 되는데, 우리가 사용하는 서기 대신 다른 연호를 쓴다는 것입니다. 생소한 것이라 낯설고 어떻게 계산해야 하는지 난감합니다.

이것은 바로 '원호(元号 겡고-)'라는 것인데, 왕의 즉위나 천재지변 등 역사적 사건이 일어났을 때를 기준으로 해를 세는 방식입니다. '원호'는 공문서나 각종 서류 발급 연도, 신문과 뉴스, 연호가 반영되는 기념일 등에 흔히 사용합니다. 일본의 '원호'는 천황이 즉위할 때 새롭게 정하며 그 시대의 정신을 반영합니다. 최근 2019년 5월 1일 나루히토 천황이 즉위하며 '레이와(아름답고 조화를 이루는 시대)'라는 원호로 바뀌었습니다.

근세 일본의 원호는 다음과 같습니다.

- 메이지　明治(めいじ)　1868~1912년　무쓰히토 천황
- 다이쇼　大正(たいしょう)　1912~1926년　요시히토 천황
- 쇼와　昭和(しょうわ)　1926~1989년　히로히토 천황
- 헤이세이　平成(へいせい)　1989~2019년　아키히토 천황
- 레이와　令和(れいわ)　2019년~　나루히토 천황

'원호'를 서기로 고치려면 각 원호의 원년을 알아야 합니다. 예를 들어 레이와 원년은 2019년이므로 2025년은 레이와 7년, 2026년은 레이와 8년이 됩니다.

Tip. 일본에서 사용하는 연호를 '원호'라고 합니다.

Unit 3
귀여워요.
かわいいです。
카와이-데스

< 학습 목표 >

1. [명사] + でした : [명사]였습니다. (명사 서술문 과거형)
2. [명사] + でしたか : [명사]였습니까? (명사 의문문 과거형)
3. 가족 호칭
4. い형용사의 긍정형

입에서 바로 나오는 술술 회화 ①

김지나가 와타나베의 다이어리에 있는 사진을 보고 물어보고 있습니다.

김지나 これは¹だれのしゃしんですか。
코레와 다레노 샤신데스까?

와타나베 私のかぞくのしゃしんです。
와따시노 카조꾸노 샤신데스

²⁻¹父と³²⁻²母とあねです。
치찌또 하하또 아네데스

えぇと、⁴このこは私です。
에-또, 코노 코와 와따시데스

김지나 ⁵とてもかわいいです。
토떼모 카와이-데스

와타나베 これは⁶しょうがくせい⁷のときです。
코레와 쇼-각세-노 토끼데스

단어
- だれ 누구　■ しゃしん 사진　■ 父(ちち) 아버지　■ と ~와[과]　■ 母(はは) 어머니
- あね 누나, 언니　■ ええと 저, 에(다음 말이나 생각이 막힐 때 내는 소리)　■ この 이　■ こ 아이; 자식
- とても 대단히, 매우　■ かわいい 귀엽다　■ しょうがくせい 소학생, 초등학생　■ とき 때

 **해석**

김지나	이것은 누구 사진이에요?
와타나베	우리 가족 사진이에요.
	아버지, 어머니, 누나예요.
	에, 이 아이는 나예요.
김지나	아주 귀여워요.
와타나베	이것은 초등학생 때예요.

해설

1. だれ

だれ는 '누구'라는 의문사입니다. 좀 더 정중하게 표현해야 한다면, どなた라고 합니다.

- **だれ**ですか。 다레데스까?
  누구세요?
- **どなた**ですか。 도나따데스까?
  어떤 분이세요?

2. 父 & 母

父(ちち)와 母(はは)는 상대방에게 '나의 아버지, 어머니'를 말할 때 쓰고, 상대방의 아버지나 어머니를 말할 때는 각각 **おとうさん** 오또-상, **おかあさん** 오까-상이라고 합니다.

3. と

'〜와/과'라는 뜻으로, 여럿을 열거할 때 열거하는 대상 사이에 써넣습니다.

4. この

말하는 사람에게서 가까운 것을 가리키는 지시대명사입니다. 뒤에 오는 명사를 수식합니다.

- **その** 그(듣는 사람에게서 가까운 것을 가리킬 때)
- **あの** 저(대화하는 사람에게서 멀리 떨어진 것을 가리킬 때)
- **どの** 어느, 어떤(불명한 것을 가리킬 때)

5. とても

とても는 '대단히, 매우'라는 뜻으로 강조하는 말입니다. 참고로 뒤에 부정어가 나올 때는 '도저히, 아무리 해도'라는 의미가 됩니다.

6. しょうがくせい

일본은 초등학교를 소학교(しょうがっこう), 초등학생을 소학생(しょうがくせい)이라고 합니다.

7. 〜のとき

とき는 '시간, 시각, 〜때'라는 뜻입니다. 앞에 명사를 쓸 때는 '명사+のとき'라고 합니다.

입에서 바로 나오는 술술 회화 ②

이효민과 야마모토가 부모님의 직업에 대해 대화하고 있습니다.

이효민: [1-1]山本さん、[2]ごりょうしんもかいしゃいんでしたか。
야마모또상, 고료-싱모 카이샤인데시따까?

야마모토: はい、そうです。
하이, 소-데스

[1-2]イさんのごりょうしんは?
이산노 고료-싱와?

이효민: 私の父はべんごし[3]で、
와따시노 치찌와 벵고시데,

私の母はせんせいでした[4]けど、いまはしゅふです。
와따시노 하하와 센세-데시따께도, 이마와 슈후데스

야마모토: 私のあにもべんごしです。
와따시노 아니모 벵고시데스

あにはとてもいそがしいです。
아니와 토떼모 이소가시-데스

단어
- りょうしん 양친, 부모
- そうです 그렇습니다
- べんごし 변호사
- で ~(이)고, ~(이)며
- けど ~지만; ~는데
- いま 지금, 현재
- しゅふ 주부
- あに 형, 오빠
- いそがしい 바쁘다

 해석

이효민 야마모토 씨, 부모님도 회사원이셨어요?

야마모토 네, 그렇습니다.
이효민 씨의 부모님은요?

이효민 우리 아빠는 변호사이고,
우리 엄마는 선생님이셨는데, 지금은 주부예요.

야마모토 우리 형도 변호사예요.
형은 아주 바빠요.

해설

1. 山本さん & イさん

일본에서는 상대방의 이름을 부를 때 이름이나 성씨에 **さん**을 붙이는데, 보통은 성씨에 **さん**을 붙입니다. 대화문에서는 가장 보편적인 표현인 성씨에 **さん**을 붙인 경우로 **やまもとさん, イさん**이라고 했습니다. 이때 **イさん**의 해석은 일본어 그대로 '이 씨'라고 하기보다는 '이효민 씨'라고 하는 것이 자연스럽습니다.

2. ごりょうしん

りょうしん은 '양친, 부모'라는 뜻인데, 상대방의 부모님에 대해 말할 때는 **ご**를 붙여 정중하게 말합니다.

3. で

で는 문장을 연결할 때 쓰는 말로, '~이고, ~이며'라고 해석합니다.

- 私はせんせいで、シェフです。
나는 선생님**이고**, 셰프입니다.

4. けど

けど는 '~지만', '~는데'라는 뜻으로, 앞의 내용과 뒤의 내용이 반대, 반전, 역접임을 나타냅니다. 야마모토의 엄마가 과거에는 선생님이었지만, 지금은 주부로 반전되었음을 알 수 있습니다.

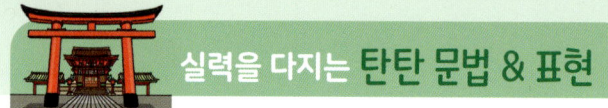 

1. [명사]+でした。 [명사]였습니다.

'[명사]+でした'는 '[명사]+です'의 과거형입니다. です 대신 でした를 쓰면 됩니다.

* 私はがくせいでした。 저는 학생이었습니다.
  와따시와 각세- 데시따

  私はりゅうがくせいでした。 저는 유학생이었습니다.
  류-각세-

+plus 1 편한 사이에서는 でした 대신 だった를 붙입니다.

* かれはかいしゃいんだった。 그는 회사원이었다.
  카레와 카이샤인 닷따

  かれはせんせいだった。 그는 선생님이었다.
  센세-

+plus 2 ~でした의 부정형은 ~じゃありませんでした/
~ではありませんでした이고, 편한 사이에서는 ~じゃなかった입니다.

* かれはかいしゃいんじゃありませんでした。
  카레와 카이샤인쟈 아리마센데시따

  그는 회사원이 아니었어요.

  かれはかいしゃいんではありませんでした。
  카이샤인데와 아리마센데시따

  그는 회사원이 아니었어요.

  かれはかいしゃいんじゃなかった。
  카이샤인쟈 나깟따

  그는 회사원이 아니었어.

2. [명사]+でしたか。 [명사]였습니까?

1번에서 만든 문장을 의문문으로 만들려면 でした에 か를 붙입니다.

* **あなたはがくせいでしたか。**　　　당신은 학생이었습니까?
  아나따와　　각세-　　데시따까?

  あなたはりゅうがくせいでしたか。　당신은 유학생이었습니까?
  　　　　　류-각세-

* **かれはかいしゃいんでしたか。**　　그는 회사원이었습니까?
  카레와　　카이샤인　　데시따까?

  かれはせんせいでしたか。　　　　그는 선생님이었습니까?
  　　　　센세-

+plus 편한 사이에서는 끝에 조사 の를 붙이거나 따로 붙이는 말 없이 말끝을 올립니다.

* **おまえはがくせいだったの?**　　너는 학생이었니?
  오마에와　　각세-　　닷따노?

  かれはかいしゃいんだった?　　그는 회사원이었니?
  카레와　　카이샤인

  ■ おまえ 너

실력을 다지는 탄탄 문법 & 표현

3. 가족 호칭

일본어에는 자신의 가족을 다른 사람에게 말할 때와 다른 사람의 가족에 대해 말할 때의 호칭이 다르기 때문에 주의해야 합니다.

	자신의 가족을 지칭할 때	다른 사람의 가족을 지칭할 때
할아버지	そふ 소후	おじいさん 오지-상
할머니	そぼ 소보	おばあさん 오바-상
아버지	ちち 치찌	おとうさん 오또-상
어머니	はは 하하	おかあさん 오까-상
형, 오빠	あに 아니	おにいさん 오니-상
누나, 언니	あね 아네	おねえさん 오네-상
남동생	おとうと 오또-또	おとうとさん 오또-또상
여동생	いもうと 이모-또	いもうとさん 이모-또상

Tip. 집에서 자신의 아버지를 부를 때는 おとうさん, とうさん 토-상, おとうちゃん 오또-쨩 이라고 합니다. 자신의 어머니, 할아버지, 할머니를 부를 때도 마찬가지로 적용됩니다.

4. い형용사의 긍정형

일본어 형용사 중 기본형이 い로 끝나는 い형용사가 서술어이고, 정중한 표현으로 쓸 때 바로 뒤에 です를 붙입니다. い형용사가 명사를 수식할 때는 'い형용사+명사' 형태로 씁니다.

* **かわいいです。** 귀엽습니다.
  카와이- 데스

いそがしいです。 바쁩니다.
이소가시-

おいしいです。 맛있습니다.
오이시-

おもしろいです。 재미있습니다.
오모시로이

* **かわいいこども** 귀여운 아이
  카와이- 코도모

いそがしい人(ひと) 바쁜 사람
이소가시- 히또

おいしいすし 맛있는 초밥
오이시- 스시

おもしろいえいが 재미있는 영화
오모시로이 에-가

■ おいしい 맛있다 ■ おもしろい 재미있다 ■ こども 아이 ■ 人(ひと) 사람 ■ すし 초밥 ■ えいが 영화

+plus 편한 사이에서는 です를 붙이지 않고 기본형으로 말하면 됩니다.

* **かわいい!** 귀여워!　　* **おいしい!** 맛있어!
  카와이-! 　　　　　　　　오이시-!

* **おもしろい!** 재미있어!
  오모시로이!

 **배운 것 확인하는 꼼꼼 연습문제**

1. 해당하는 단어를 서로 연결하세요.

   ① (상대방) 할머니 •   • はは

   ② (나의) 할아버지 •   • そふ

   ③ (상대방) 아버지 •   • おばあさん

   ④ (나의) 어머니   •   • おとうさん

2. 우리말에 해당하는 표현을 [보기]에서 찾아 쓰세요.

   [보기]
   とてもかわいいです　　わたしのあにもべんこしです
   はい、そうです　　　　これはだれのしゃしんですか

   ① 이것은 누구 사진이에요?
   → _____ 。

   ② 아주 귀여워요.
   → _____ 。

   ③ 네, 그렇습니다.
   → _____ 。

   ④ 우리 형도 변호사예요.
   → _____ 。

3. 우리말을 보고 빈칸에 알맞은 말을 써넣으세요.

① 이 아이는 나예요.

→ ＿＿ ＿＿ ＿＿はわたしです。

② 이것은 초등학생 때예요.

→ これはしょうがくせい＿＿ ＿＿ ＿＿です。

③ 이효민 씨의 부모님은요?

→ イ＿＿ ＿＿の＿＿りょうしんは?

④ 형은 아주 바빠요.

→ あには＿＿ ＿＿ ＿＿いそがしいです。

4. 다음 우리말을 일본어로 바꿔 쓰세요.

① 저는 학생이었습니다.

→ ＿＿＿＿＿＿＿＿＿＿＿＿＿＿＿＿＿＿＿＿。

② 그는 선생님이었습니까?

→ ＿＿＿＿＿＿＿＿＿＿＿＿＿＿＿＿＿＿＿＿。

③ 맛있습니다.

→ ＿＿＿＿＿＿＿＿＿＿＿＿＿＿＿＿＿＿＿＿。

④ 재미있는 영화

→ ＿＿＿＿＿＿＿＿＿＿＿＿＿＿＿＿＿＿＿＿

재미를 더하는 일본 엿보기

일본 학제와 학교 생활

일본은 소학교(しょうがっこう 쇼-각꼬-) 6년, 중학교(ちゅうがっこう 츄-각꼬-) 3년, 고등학교(こうとうがっこう 코-또-각꼬-=こうこう 코-꼬-) 3년, 전문대학(せんもんだいがく 셈몬다이가꾸) 2~3년제 또는 대학(だいがく 다이가꾸) 4년인데, 소학교는 우리의 초등학교에 해당합니다.

새 학년의 시작은 4월 1일이며, 마지막 날은 그 다음 해 3월 31일입니다. 일본도 소학교부터 중학교까지 9년간 의무 교육이며, 소학교 입학이 만 6세인데, 그 전에 유치원(ようちえん 요-찌엥)을 다니기도 합니다.

의무 교육 기간 동안은 유급과 낙제가 없으며, 일부 소학교와 대부분의 중고등학교 학생은 교복을 입습니다. 방과후에 학생들이 학교와 교실을 치우는 청소 시간이 있으며, 동아리와 클럽 활동이 다양하게 이뤄지고 있습니다.

일본은 소학교부터 고등학교까지 3학기제입니다.

- **1학기 (いちがっき** 이찌각끼**)** 4~7월 (7~8월 중에 여름방학이 30~40일 정도)
- **2학기 (にがっき** 니각끼**)** 9~12월 (12월에 겨울방학 2주)
- **3학기 (さんがっき** 상각끼**)** 1~3월 (3월에 봄방학 2주 정도)

1학기와 2학기에 시험이 각각 두 번, 3학기에 기말시험이 있어 1년 중에 다섯 번의 시험이 있습니다. 또한 소풍(えんそく 엔소꾸, ピクニック 피구닉꾸)과 운동회(うんどうかい 운도-까이)도 진행됩니다.

일본의 대학은 2학기제입니다.

- **1학기** 4~7월
- **2학기** 10~1월

일본의 대학 입학시험은 だいがくにゅうがくきょうつうテスト 다이가꾸 뉴-가꾸 쿄-쯔-테스토라고 하며, 매년 1월 13일 이후의 첫 번째 토요일과 일요일, 이틀 동안 실시됩니다.

Unit 4

저는 한국인이에요.
私は韓国人です。
와따시와 캉꼬꾸진데스

< 학습 목표 >
1. い형용사의 부정형
2. な형용사의 긍정형과 부정형
3. 국적과 외국어의 일본어 표현

입에서 바로 나오는 술술 회화

스즈키가 자전거 동호회에 새로 가입한 이민호를 환영하며 말을 겁니다.

스즈키: あなたの ¹お国はどちらですか。
아나따노　　오꾸니와　　도찌라데스까?

日本語、じょうずですか。
니홍고,　　죠-즈데스까?

이민호: 私は韓国人です。
와따시와　캉꼬꾸진데스

日本語はじょうずじゃないです。
니홍고와　　죠-즈쟈　　　나이데스

스즈키: 私は韓国語ができます。
와따시와　캉꼬꾸고가　　데끼마스

이민호: ほんとうですか。韓国語、むずかしい²ですよね?
혼또-데스까?　　　　캉꼬꾸고,　무즈까시-데스요네?

스즈키: はつおんが³ちょっとむずかしいです。
하쯔옹가　　　　춋또　　무즈까시-데스

⁴しかしぶんぽうはむずかしくないです。
시까시　　붐뽀-와　　　무즈까시꾸　　나이데스

단어

- 国(くに) 나라, 국가
- どちら 어디; 어느 쪽
- 日本語(にほんご) 일본어
- じょうずだ 능숙하다, 솜씨가 좋다
- 韓国人(かんこくじん) 한국인
- 韓国語(かんこくご) 한국어
- ~ができます ~을 할 수 있습니다
- むずかしい 어렵다
- はつおん 발음
- ちょっと 조금, 약간
- しかし 그러나
- ぶんぽう 문법

 **해석**

스즈키 　당신은 어느 나라 분이세요?
　　　　일본어, 잘하세요?

이민호 　저는 한국인이에요.
　　　　일본어는 잘하지 못해요.

스즈키 　저는 한국어를 할 줄 알아요.

이민호 　정말이요? 한국어, 어렵죠?

스즈키 　발음이 좀 어려워요.
　　　　그러나 문법은 어렵지 않아요.

해설

1. お国はどちらですか。

상대방의 국적을 묻는 표현으로, お国はどこですか。라고 하는 것보다 더 공손한 표현이 됩니다.
どちら는 '어느 쪽'이라는 뜻의 대명사지만, どこ의 공손한 말로도 쓰입니다.

2. ~ですよね?

ですよね는 '그렇죠?'라고 상대방에게 동조를 이끌어내려는 의도를 담은 말입니다.

- かれは韓国人ですよね?
  그는 한국인이죠?
- これはおもしろいですよね?
  이것은 재미있죠?

3. ちょっと

ちょっと는 '조금, 약간'이라는 뜻인데, '잠시, 잠깐'이라는 의미로도 많이 쓰입니다. 비슷한 뜻으로 すこし 스꼬시가 있는데, ちょっと보다 すこし가 좀 더 격식을 갖춘 단어입니다.

4. しかし

'그러나', '그렇지만', '그런데'라는 뜻으로, 앞의 내용과 상반되는 내용이나 상황을 나타내는 접속사입니다.

김지나와 와타나베가 학교에 새로 온 미국인에 대해 얘기를 나눕니다.

김지나 かれはどこの国の[1-1]人ですか。
카레와   도꼬노   쿠니노   히또데스까?

와타나베 かれはアメリカ[1-2]人です。
카레와   아메리카진데스

김지나 かれはせが高いですか。
카레와   세가   타까이데스까?

와타나베 いいえ、[2]あまり高くないです。
이-에,   아마리   타까꾸   나이데스

かれは[3]ハンサムでやさしいので、にんきものです。
카레와   한사무데   야사시-노데,   닝끼모노데스

단어

- どこ 어디, 어느 곳 ■ アメリカ人(じん) 미국인 ■ せ 키 ■ 高(たか)い (키가) 크다; (높이가) 높다
- あまり 그다지, 그리 ■ ハンサムだ 핸섬하다 ■ やさしい 상냥하다, 친절하다 ■ にんきもの 인기인

 해석

김지나　그는 어느 나라 사람이에요?

와타나베　그는 미국인이에요.

김지나　그는 키가 큰가요?

와타나베　아니요, 별로 크지 않아요.
　　　　　그는 잘생기고 친절해서, 인기인이에요.

 해설

1. 人와 人 (ひと/じん)

일본어의 한자는 읽는 방법이 훈독(의미)이냐, 음독(소리)이냐에 따라 다릅니다. 같은 人이라 해도, '사람'이라는 뜻으로 쓰일 때는 **ひと**, '~인'으로 쓰일 때는 **じん**이라고 읽습니다.

- かわいい人 카와이- 히또　귀여운 **사람**
- かんこく人 캉꼬꾸징　한국**인**

그리고 人보다 좀 더 정중하게 말하려면 '**かた** 카따 (분)'를 씁니다.

- この人 코노 히또　이 **사람**
- このかた 코노 카따　이 **분**

■ かんこく　한국

2. あまり

あまり는 부정문에서 '그다지', '별로'라는 뜻으로 쓰입니다.

3. ハンサムでやさしいので、にんきものです。

ハンサムだ는 '핸섬하다, 잘생기다'라는 형용사로, **な**형용사입니다.
영어의 handsome에서 온 단어로, 잘생긴 남자의 외모를 묘사합니다.
이외에 '**かっこいい** 칵꼬이- 근사하다, 멋있다'라는 단어도 많이 쓰입니다.
やさしい는 '온순하다, (마음씨가) 곱다, 상냥하다'라는 뜻의 **い**형용사로, '친절하다'라는 뜻으로 많이 쓰입니다.
にんきもの는 '모두에게 인기가 있는 사람'이라는 의미로 쓰는 표현입니다.

실력을 다지는 **탄탄 문법 & 표현**

문법 강의

13강

1. い형용사의 부정형

い형용사의 부정형은 어미 **い**를 **く**로 바꾸고 뒤에 부정을 나타내는 **ない**를 붙입니다. 정중한 표현은 **~くないです**가 됩니다.

기본형	~い	かわいい 카와이- 귀엽다
긍정형의 정중한 표현	~い+です	かわいいです。 카와이-데스 귀엽습니다.
부정형의 정중한 표현	~くない+です	かわいくないです。 카와이꾸 나이데스 귀엽지 않습니다.

* **むずかしくないです**。   어렵지 않습니다.
　무즈까시꾸　　나이데스

　おいしくないです。   맛있지 않습니다.
　오이시꾸

　おもしろくないです。   재미있지 않습니다.
　오모시로꾸

+plus 편한 사이에서는 **です**를 빼면 됩니다.

* **かわいくない**。   귀엽지 않아.
　카와이꾸　나이

　むずかしくない。   어렵지 않아.
　무즈까시꾸

2. な형용사의 긍정형

일본어 형용사 중 **な**형용사는 명사를 수식할 때 **な**를 붙이는 형태라서 **な**형용사라고 합니다. 기본형이 **だ**로 끝나는 **な**형용사의 어간(**な**형용사의 기본형에서 **だ**를 뺀 형태)에 **です**를 붙이면 정중한 표현이 됩니다.
な형용사가 명사를 수식할 때는 '**な**형용사의 어간+**な**+명사' 형태로 씁니다.

기본형	~だ	ハンサムだ 한사무다 핸섬하다
긍정형의 정중한 표현	~だ+です → ~~だ~~+です	ハンサムです。 한사무데스 잘생겼습니다.
명사 수식	~だ+명사 → な 명사	ハンサムな 한사무나 잘생긴

* **ゆうめいです。** 유명합니다.
  유-메- 데스

* **ゆうめいな 人** 유명한 사람
  유-메-나 히또

* **きれいです。** 예쁩니다.
  키레- 데스

* **きれいな 人** 예쁜 사람
  키레-나 히또

■ ゆうめいだ 유명하다 ■ きれいだ 예쁘다

+plus 편한 사이에서는 **です**를 빼면 됩니다.
기본형으로 쓸 때와 **だ**를 뺄 때 해석의 차이가 있습니다.

* **かれはハンサムだ。** 그는 잘생겼다. / **かれはハンサム。** 그는 잘생겼어.
  카레와 한사무다   카레와 한사무

* **かれはゆうめいだ。** 그는 유명하다. / **かれはゆうめい。** 그는 유명해.
  카레와 유-메-다   카레와 유-메-

실력을 다지는 탄탄 문법 & 표현

3. な형용사의 부정형

な형용사의 어간에 じゃないです / じゅありません / ではありません을 붙이면 정중한 표현이 됩니다.

기본형	~だ	ハンサムだ
부정형의 정중한 표현	~だ+です ➔ ~だ̶じゃないです ~だ̶じゃありません ~だ̶ではありません	ハンサムじゃないです。 한사무쟈 나이데스 ハンサムじゃありません。 한사무쟈 아리마셍 ハンサムではありません。 한사무데와 아리마셍 잘생기지 않습니다.

* **きれいじゃないです。**　　예쁘지 않습니다.
  키레-쟈　　　나이데스

ゆうめいじゃないです。　　유명하지 않습니다.
유-메-쟈

Tip. 정중한 정도는 じゃないです < じゅありません < ではありません 순인데, 보통 회화에서는 じゃないです나 じゅありません을 씁니다.

① **かれはゆうめいじゃないです。**　　그는 유명하지 않습니다.
　카레와　　유-메-쟈　　　나이데스

② **かれはゆうめいじゅありません。**
　카레와　　유-메-쟈　　　아리마셍

③ **かれはゆうめいではありません。**
　카레와　　유-메-데와　　아리마셍

가장 정중한 표현은 ③번이지만, 회화에서는 ①번이나 ②번을 많이 씁니다.

+plus 편한 사이에서는 ~じゃないです에서 です를 빼면 됩니다.

* **きれいじゃない。**   예쁘지 않아.
  키레-쟈 　　　나이

  ゆうめいじゃない。   유명하지 않아.
  유-메-쟈

4.

나라 이름 + 人(じん)　　~나라 사람
나라 이름 + 語(ご)　　~나라 언어

나라 이름 뒤에 人을 붙이면 그 나라 사람, 語를 붙이면 그 나라 언어가 됩니다.
人는 '~인'이라는 음역이므로 じん으로 읽어야 하는 것에 주의합니다.

* **日本人(にほんじん)**   일본인 　　　　**日本語(にほんご)**   일본어
  니혼징　　　　　　　　　　　　　　　　니홍고

  韓国人(かんこくじん)   한국인 　　　　**韓国語(かんこくご)**   한국어
  캉꼬꾸징　　　　　　　　　　　　　　　캉꼬꾸고

  中国人(ちゅうごくじん)   중국인 　　　　**中国語(ちゅうごくご)**   중국어
  츄-고꾸징　　　　　　　　　　　　　　츄-고꾸고

  フランス人(じん)   프랑스인 　　　　**フランス語(ご)**   프랑스어
  후란스징　　　　　　　　　　　　　　　후란스고

  ドイツ人(じん)   독일인 　　　　**ドイツ語(ご)**   독일어
  도이츠징　　　　　　　　　　　　　　　도이츠고

Tip. 미국인은 アメリカ人(じん), 영국인은 イギリス人(じん) 이기리스징이고,
영어는 英語(えいご) 에-고입니다.

배운 것 확인하는 꼼꼼 연습문제

1. 해당하는 단어를 서로 연결하세요.

   ① 한국어 •   • フランスご

   ② 일본어 •   • ちゅうごくご

   ③ 중국어 •   • かんこくご

   ④ 프랑스어 •   • にほんご

2. 우리말에 해당하는 표현을 [보기]에서 찾아 쓰세요.

   [보기]
   かんこくごができます　　かれはアメリカじんです
   ちょっとむずかしいです　おくにはどちらですか

   ① 어느 나라 사람이에요?
   → _____。

   ② 그는 미국인이에요.
   → _____。

   ③ 한국어를 할 수 있어요.
   → _____。

   ④ 조금 어려워요.
   → _____。

p.234

3. 우리말을 보고 빈칸에 알맞은 말을 써넣으세요.

① 그는 키가 큰가요?

→ かれはせがたか____ ____ ____ ____。

② 별로 크지 않아요.

→ あまりたか____ ____ ____です。

③ 일본어는 잘하지 못해요.

→ にほんごはじょうず____ ____ ____ ____です。

④ 저는 한국인이에요.

→ わたし____ かんこく____ ____ ____ ____。

4. 다음 우리말을 일본어로 바꿔 쓰세요.

① 문법은 어렵지 않아요.

→ _____。

② 그는 잘생겼습니다.

→ _____。

③ 유명한 사람

→ _____

④ 예쁘지 않습니다.

→ _____。

🐱 **재미를 더하는 일본 엿보기** 🔵

일본 유명 온천

일본 여행 테마 중, 온천(おんせん 온셍)은 인기가 많습니다. 일본에는 전국에 걸쳐 많은 온천들이 있는데 그 중 대표적인 곳을 추천합니다.

① **노보리베츠(のぼりべつ)**

홋카이도(ほっかいどう) 제일의 온천 여행지로, 독특한 냄새가 나는 유황 온천 및 총 9가지의 다양한 성분의 온천수가 솟아납니다.

② **하코네(はこね)**

도쿄(とうきょう) 근교의 오랜 피서지로, 예로부터 귀족들의 별장이 많이 있습니다. 유서 깊은 최고급 료칸(りょかん)에서 온천을 즐길 수 있습니다.

③ **쿠사츠(くさつ)**

일본 3대 온천 여행지 중 하나로, 분당 32,300리터 이상의 온천수가 솟아나올 정도로 유량이 풍부하고 수질이 좋습니다. 유카타(ゆかた)를 입고 온천 마을의 고즈넉한 분위기를 즐기며 산책하기를 추천합니다.

④ **아리마(ありま)**

일본에서 가장 오래된 온천 중 하나로, 금탕(きんのゆ 킨노유)과 은탕(ぎんのゆ 긴노유)이 대표석입니다. 절문 성분이 많아 적갈색을 띠고 있는 킨노유와 탄산을 함유하여 무색 투명한 긴노유를 비교하며 즐겨 보세요.

⑤ **유후인(ゆふいん)**

유후다케(ゆふだけ) 산과 긴린코(きんりんこ) 호수로 대표되는 아름다운 자연과 아기자기한 아이템을 파는 가게 및 미술관, 카페까지 구경거리도 많아서 젊은 여성들에게 특히 인기가 많습니다.

⑥ **벳부(ばっぷ)**

일본 온천 여행의 대표적인 곳으로, 8개의 지옥 온천 순례가 최고입니다. 이 중에서 코발트 빛의 아름다운 바다 지옥(うみじごく 우미 지고꾸)과 온천열로 악어를 키우는 악어 지옥(おにやまじごく 오니야마 지고꾸)이 이곳 여행의 백미입니다.

Unit 5
오늘 며칠이에요?
きょうはなんにちですか。
쿄-와 난니찌데스까?

< 학습 목표 >
1. 날짜와 요일의 일본어 표현
2. 시각의 일본어 표현
3. 1그룹 동사의 ます형

입에서 바로 나오는 술술 회화  MP3.05-1

와타나베와 김지나가 오사카 가는 날짜에 대해 이야기를 나눕니다.

와타나베 きょうは ¹なんにちですか。
쿄-와 난니찌데스까?

김지나 ⁴⁻¹8日(ようか)です。
요-까데스

와타나베 ²いつ 大阪(おおさか)³にいきますか。
이쯔 오-사까니 이끼마스까?

김지나 ⁴⁻²17日(じゅうしちにち)です。
쥬-시찌니찌데스

와타나베 らいしゅうの ⁴⁻³すいようびですね。
라이슈-노 스이요-비데스네

いつ ここに ⁵もどりますか。
이쯔 코꼬니 모도리마스까?

김지나 らいげつです。 5月(ごがつ) ⁴⁻⁴4日(よっか)です。
라이게쯔데스. 고가쯔 욕까데스

단어
- きょう 오늘 ■ なんにち 며칠 ■ いつ 언제 ■ に ~(으)로 ■ いく 가다 ■ らいしゅう 다음 주
- すいようび 수요일 ■ ね (문장 끝에서) ~군요 ■ もどる 되돌아가[오]다 ■ らいげつ 다음 달

 **해석**

와타나베　오늘 며칠이에요?

김지나　8일이에요.

와타나베　언제 오사카에 가요?

김지나　17일이요.

와타나베　다음 주 수요일이군요.
　　　　언제 여기로 돌아와요?

김지나　다음 달이요. 5월 4일이에요.

 **해설**

1. なんにち

なんにち는 '며칠'이라는 뜻으로, 날짜를 물어볼 때 씁니다.

2. いつ

いつ는 '언제, 어느 때'라는 뜻으로 때를 물어보는 대명사입니다.

3. に

동작이나 작용이 행하여지는 장소나 방향을 가리킵니다. '～(으)로, ～에'라고 해석하면 됩니다.

- ~**に**いきます。
  ~**에** 갑니다.
- ~**に**もどります。
  ~**(으)로** 돌아갑[옵]니다.

4. 日의 발음

日의 음독은 じつ, にち로 발음합니다. 훈독일 때는 か, ひ로 발음하는데, ひ는 앞의 글자에 따라 び로 발음하기도 합니다.

- 17日(じゅうしち**にち**)
- 8日(よう**か**)
- 4日(よっ**か**)
- 水曜日(すいよう**び**)

5. もどりますか。

もどる는 원래의 장소로 돌아간다는 뜻을 가진 '되돌아가[오]다'라는 1그룹 동사입니다.

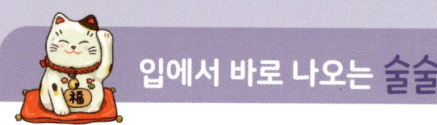

회화 듣기
MP3.05-2

도서관에서 책을 읽기로 한 김지나가 와타나베에게 몇 시인지 물어봅니다.

김지나 いま なんじですか。
이마 난지데스까?

와타나베 2時20分です。
니지 니쥬뿐데스

김지나 いつまでとしょかんでほんをよみますか。
이쯔마데 토쇼깐데 홍오 요미마스까?

와타나베 4時までです。
요지마데데스

김지나 5時にカフェであいましょうか。
고지니 카훼데 아이마쇼―까?

와타나베 はい、いいですよ。
하이, 이―데스요

단어
- なんじ 몇 시 ■ まで ~까지 ■ としょかん 도서관 ■ で ~에(서) ■ を ~을/를 ■ よむ 읽다
- カフェ 카페, 커피점 ■ あう 만나다

 해석 회화 따라 하기

김지나	지금 몇 시죠?
와타나베	2시 20분입니다.
김지나	언제까지 도서관에서 책을 읽을 거예요?
와타나베	4시까지요.
김지나	5시에 카페에서 만날까요?
와타나베	네, 좋아요.

 해설  해설 강의 15강

1. なんじ

なんじ는 시각을 물어볼 때 쓰는 말입니다. なん이 '몇'이고 じ가 '~시'이므로, なん 대신 해당하는 시간을 넣어서 대답하면 됩니다. 앞에서 배운 いつ가 '때'를 물어보는 말이라면, なんじ는 구체적인 시간을 물어보는 표현입니다.

2. で

で와 に는 둘 다 우리말로 '(장소)에'로 해석되지만, 의미의 차이가 있습니다. で는 행동이 이루어지는 장소에 중점을 둔 반면, に는 목적지나 방향, 존재의 장소를 나타냅니다.

- としょかん**で**ほんをよみます。
  토쇼깐데 홍오 요미마스
  도서관**에서** 공부합니다.
- としょかん**に**ほんがたくさんあります。 토쇼깐니 홍가 탁상 아리마스
  도서관**에** 책이 많이 있습니다.

■ たくさん 많음 ■ ある (사물 등이) 있다

5時に에서 に는 때를 가리키는 '~에'라는 뜻입니다.

Tip. 비슷하게 쓰는 조사로 へ가 있는데, 어느 쪽으로 향해 가는 방향에 더 중점을 두며, 이때는 발음이 [에]인 것에 주의합니다.

- としょかん**へ**いきます。
  토쇼깡에 이끼마스 도서관**으로** 갑니다.

3. を

を는 목적어에 붙이는 조사로, 뜻은 '~을/를'입니다.

4. あいましょうか。

あう는 '만나다'라는 동사인데, '~를 만나다'라고 할 때 조사로 に를 쓰는 것에 주의합니다.

- かれ**に**あいます。 카레니 아이마스
  그를 만납니다.

~ましょう는 '~합시다'라는 뜻으로 상대방에게 공손하게 권유하는 표현입니다. 동사의 ます형에 붙입니다.

1. 날짜와 요일

날짜를 물어볼 때 'いつですか。 이쯔데스까? 언제입니까?',
'なんがつなんにちですか。 낭가쯔 난니찌데스까? 몇 월 며칠입니까?'라고 합니다.
구체적인 날짜를 대답할 때는 '~がつ~にち'로 하면 되는데, 예외의 발음이 있기 때문에 주의해야 합니다.

* 월 (がつ 가쯔)

1월	2월	3월	4월	5월	6월
いちがつ 이찌가쯔	にがつ 니가쯔	さんがつ 상가쯔	しがつ 시가쯔	ごがつ 고가쯔	ろくがつ 로꾸가쯔
7월	8월	9월	10월	11월	12월
しちがつ 시찌가쯔	はちがつ 하찌가쯔	くがつ 쿠가쯔	じゅうがつ 쥬-가쯔	じゅういちがつ 쥬-이찌가쯔	じゅうにがつ 쥬-니가쯔

지난달	이번 달	다음 달
せんげつ 셍게쯔	こんげつ 콩게쯔	らいげつ 라이게쯔

* 일 (にち 니찌)

1일	2일	3일	4일	5일	6일
ついたち 츠이따찌	ふつか 후쯔까	みっか 믹까	よっか 욕까	いつか 이쯔까	むいか 무이까
7일	8일	9일	10일	11일	12일
なのか 나노까	ようか 요-까	ここのか 코꼬노까	とおか 토-까	じゅういちにち 쥬-이찌니찌	じゅうににち 쥬-니니찌

13일	14일	15일	16일	17일	18일
じゅうさんにち 쥬-산니찌	じゅうよっか 쥬-욕까	じゅうごにち 쥬-고니찌	じゅうろくにち 쥬-로꾸니찌	じゅうしちにち 쥬-시찌니찌	じゅうはちにち 쥬-하찌니찌
19일	20일	21일	22일	23일	24일
じゅうくにち 쥬-꾸니찌	はつか 하쯔까	にじゅういちにち 니쥬-이찌니찌	にじゅうにち 니쥬-니니찌	にじゅうさんにち 니쥬-산니찌	にじゅうよっか 니쥬-욕까
25일	26일	27일	28일	29일	30일
にじゅうごにち 니쥬-고니찌	にじゅうろくにち 니쥬-로꾸니찌	にじゅうしちにち 니쥬-시찌니찌	にじゅうはちにち 니쥬-하찌니찌	にじゅうくにち 니쥬-꾸니찌	さんじゅうにち 산쥬-니찌
31일	그저께	어제	오늘	내일	모레
さんじゅういちにち 산쥬-이찌니찌	おととい 오또또이	きのう 키노-	きょう 쿄-	あした 아시따	あさって 아삿떼

* **요일** (ようび 요-비)

요일을 물어볼 때는 '**なんようびですか。** 낭요-비데스까? 무슨 요일입니까?'라고 합니다. 대답은 해당하는 요일을 넣어 '**~ようびです。**'라고 하면 됩니다.

일요일	월요일	화요일	수요일
にちようび 니찌요-비	げつようび 게쯔요-비	かようび 카요-비	すいようび 스이요-비
목요일	금요일	토요일	
もくようび 모꾸요-비	きんようび 킹요-비	どようび 도요-비	
지난주	이번 주	다음 주	
せんしゅう 센슈-	こんしゅう 콘슈-	らいしゅう 라이슈-	

실력을 다지는 탄탄 문법 & 표현

2. 시각

시각을 물어볼 때 '**なんじですか。** 난지데스까? 몇 시입니까?',
'**なんじなんぷんですか。** 난지 남뿐데스까? 몇 시 몇 분입니까?'라고 합니다.

★ **시** (じ 지)

1시	2시	3시	4시	5시	6시
いちじ	にじ	さんじ	よじ	ごじ	ろくじ
이찌지	니지	산지	요지	고지	로꾸지
7시	8시	9시	10시	11시	12시
しちじ	はちじ	くじ	じゅうじ	じゅういちじ	じゅうにじ
시찌지	하찌지	쿠지	쥬-지	쥬-이찌지	쥬-니지

★ **분** (ふん 훙)

1분	2분	3분	4분	5분
いっぷん	にふん	さんぷん	よんぷん	ごふん
입뿡	니훙	삼뿡	욤뿡	고훙
6분	7분	8분	9분	10분
ろっぷん	ななふん	はっぷん	きゅうふん	じゅっぷん
롭뿡	나나훙	합뿡	큐-훙	쥽뿡
20분	30분	40분	50분	반
にじゅっぷん	さんじゅっぷん	よんじゅっぷん	ごじゅっぷん	半 (はん)
니쥽뿡	산쥽뿡	욘쥽뿡	고쥽뿡	항

3. 1그룹 동사의 ます형

일본어 동사는 기본형이 모두 う단으로 끝나는 특징이 있습니다.
그중 1그룹 동사(5단 동사)는 う단으로 끝난 어미를 い단으로 바꾸고 뒤에 ます를 붙이면 정중한 표현이 됩니다.

1그룹 동사	
う단	い단
いく 가다	いき ます 갑니다
もどる 되돌아가[오]다	もどり ます 되돌아갑[옵]니다
あう 만나다	あい ます 만납니다

* 私はがっこうにいきます。 저는 학교에 갑니다.
  와따시와 각꼬-니 이끼마스

  私はこうえんにいきます。 저는 공원에 갑니다.
  코-엔니

* 私はがっこうにもどります。 저는 학교에 되돌아갑니다.
  와따시와 각꼬-니 모도리마스

  私はこうえんにもどります。 저는 공원에 되돌아갑니다.
  코-엔니

■ こうえん 공원

+plus 편한 사이에서는 동사의 기본형을 씁니다.

* 私はがっこうにいく。 나는 학교에 갈 거야.
  와따시와 각꼬-니 이꾸

  私はがっこうにもどる。 나는 학교에 되돌아갈 거야.
  모도루

Unit 05. 오늘 며칠이에요? 87

배운 것 확인하는 꼼꼼 연습문제

1. 해당하는 단어를 서로 연결하세요.

   ① 카페 •   • すいようび

   ② 오늘 •   • きょう

   ③ 도서관 •   • カフェ

   ④ 수요일 •   • としょかん

2. 우리말에 해당하는 표현을 [보기]에서 찾아 쓰세요.

   [보기]
   いまなんじですか   はい、いいですよ
   いつおおさかにいきますか   なんにちですか

   ① 며칠이에요?
   → _____。

   ② 언제 오사카에 가요?
   → _____。

   ③ 지금 몇 시죠?
   → _____。

   ④ 네, 좋아요.
   → _____。

3. 우리말을 보고 빈칸에 알맞은 말을 써넣으세요.

① 8일이에요.

→ ___ ___ ___ です。

② 다음 주 수요일이군요.

→ ___ ___ ___ ___ ___ のすいようびですね。

③ 언제까지 도서관에서 책을 읽을 거예요?

→ いつ___ ___ としょかん___ ほんをよみますか。

④ 5시에 카페에서 만날까요?

→ ___ ___ にカフェ___ あいましょうか。

4. 다음 우리말을 일본어로 바꿔 쓰세요.

① 다음 달이에요.

→ _____。

② 5월 4일이에요.

→ _____。

③ 언제 여기로 돌아와요?

→ _____。

④ 저는 학교에 갑니다.

→ _____。

재미를 더하는 일본 엿보기

일본 3대 축제(마쓰리)

일본의 볼거리로 각지에서 다양하게 열리는 축제들이 있습니다.
일본어로 축제는 まつり 마쓰리라고 하는데, 이는 '신에게 제사를 지낸다'라는 뜻의 まつる 마쓰루에서 유래했습니다. 이것에서 알 수 있듯이 마쓰리는 풍년을 기원하거나 자연재해나 전염병 등을 피하게 해 달라고 신에게 비는 제사였습니다. 그러나 요즘에는 지역 주민들의 즐길 거리이자 관광객을 유치하는 지역 행사로 자리 잡았습니다.
마쓰리는 매년 열리는 날짜가 달라지기 때문에 방문할 계획이라면 축제 일정을 미리 확인하는 것이 좋습니다.

① **간다마쓰리(神田祭** かんだまつり 칸다 마쓰리**)**

도쿄(とうきょう)에서 열리는 축제입니다. 에도 막부 시대 전쟁의 승리를 기념하는 축제에서 유래된 '간다마쓰리'는 매년 열리는 다른 축제와 달리 홀수 해 5월에 열립니다. '간다신사'에서 시작하는 퍼레이드는 하루 종일 이어지는 행사입니다.

② **텐진마쓰리(天神祭** てんじんまつり 텐짐 마쓰리**)**

오사카(おおさか)에서 열리는 여름 축제로, 7월 24일과 25일에 열립니다. 하이라이트는 마지막 날 열리는 불꽃놀이입니다.

③ **기온마쓰리(祇園祭** ぎおんまつり 기옴 마쓰리**)**

교토(きょうと)에서 열리는 축제로, 7월 한 달 내내 열립니다. 898년부터 전염병 퇴치를 목적으로 '기온사'에서 제사를 지내던 것에서 시작되었습니다. '기온마쓰리'의 하이라이트는 12톤이 넘는 수레에 20미터가 넘는 높이의 '야마호코(山鉾 やまほこ 야마호꼬)' 행렬의 퍼레이드입니다. 야마호코는 '가마'의 일종입니다.

Unit 6
여보세요.
もしもし。
모시모시

< 학습 목표 >
1. 2그룹 동사의 ます형
2. 동사 ある와 いる
3. ~ません(~ます의 부정형)
4. 동사의 て형

입에서 바로 나오는 술술 회화

와타나베가 김지나에게 전화로 약속을 잡고 있습니다.

와타나베: ¹もしもし、キムさんですか。
모시모시, 키무상데스까?

しゅうまつ いそがしいですか。
슈-마쯔 이소가시-데스까?

김지나: いいえ、いそがしくないです。
이-에, 이소가시꾸 나이데스

와타나베: ²私に えいがの ³チケットが ありますが、
와따시니 에-가노 치켓토가 아리마스가,

⁴いっしょに ⁵いきませんか。
잇쇼니 이끼마셍까?

김지나: ⁶いいですね。
이-데스네

とても たのしみです。
토테모 타노시미데스

단어
- もしもし 여보세요　■ しゅうまつ 주말　■ チケット 티켓, 표, 입장권　■ ある 있다
- いっしょに 함께, 같이　■ たのしみ 기대함; 즐거움, 낙

 **해석**

회화 따라 하기

와타나베   여보세요, 김지나 씨인가요?
           주말에 바쁘세요?

김지나   아니요, 바쁘지 않아요.

와타나베   저한테 영화표가 있는데, 같이 갈래요?

김지나   좋아요.
         아주 기대돼요.

해설
해설 강의
17강

1. もしもし

もしもし는 '여보세요'라는 뜻으로 전화로 상대를 부를 때 쓰는 말인데, 전화뿐 아니라 일반적인 상황에서 사람을 부를 때도 쓸 수 있습니다.

2. 私(わたし)に

여기에서 に는 동작이나 작용이 미치는 조사로 '〜에게, 〜한테'라는 뜻입니다.

3. チケットがありますが、

앞의 が는 우리말의 '〜이/가'에 해당하는 격조사이고, 뒤의 が는 앞뒤의 문장을 연결하는 접속조사입니다.

4. いっしょに

いっしょ는 두 사람 이상이 행동을 같이 한다는 뜻으로, 여기에 に를 붙여 '함께, 같이'라는 의미가 됩니다.

5. いきませんか。

~ませんか는 ます의 부정의문형으로, '〜하지 않겠습니까?'라고 권유하는 표현입니다. 일본어는 직설적으로 하기보다는 이런 식으로 완곡하게 말하는 경향이 있습니다.
いきませんか는 '가지 않겠습니까?'라는 뜻으로 '갈래요?'라고 권유하는 표현입니다.

6. いいですね。

ね를 붙임으로써 상대방의 의견에 동조한다는 어감을 나타냅니다.

입에서 바로 나오는 술술 회화 ②

야마모토가 나카무라에게 전화로 회의 시간이 변경된 것을 알려줍니다.

야마모토 もしもし、私は山本淳一ですが、
모시모시,　　　　와따시와　야마모또 쥰이찌데스가,

中村裕子さんはいらっしゃいますか。
나까무라 유-꼬상와　　　　이랏샤이마스까?

나카무라 はい、私です。
하이,　　와따시데스.

ごようけんはなんでしょうか。
고요-껭와　　　　난데쇼-까?

야마모토 あしたのかいぎ、ごぜん11時ではなく、
아시따노　　　　카이기,　　고젱　　쥬-이찌지데와　　나꾸,

ごご2時です。
고고　니지데스.

나카무라 おしえてくださってありがとうございます。
오시에떼　　　쿠다삿떼　　　　아리가또-　　　　고자이마스.

단어

- いらっしゃる 계시다('있다'의 존경어)   ようけん 용건   なん 무엇, 어떤 것, 몇   かいぎ 회의
- ごぜん 오전   ごご 오후   おしえる 알리다; 가르치다   くださる ~하여 주시다

 해석

야마모토 여보세요, 저는 야마모토 준이치입니다만,
나카무라 유코 씨 계십니까?

나카무라 네, 접니다.
무슨 용건이십니까?

야마모토 내일 회의, 오전 11시가 아니고, 오후 2시입니다.

나카무라 알려 주셔서 감사합니다.

 해설 18강

1. いらっしゃいますか。

いらっしゃる는 '있다'인 いる의 존경어로, 상대방을 높일 때 씁니다. いらっしゃる는 1그룹 동사이지만, ます형이 いらっしゃい인 것에 주의합니다.

2. ごようけんはなんでしょうか。

ようけん은 '용건'이라는 단어인데, 정중한 표현을 위해 앞에 ご를 붙였습니다. '~でしょうか'는 궁금한 부분을 정중하게 물어보는 표현으로 '~ですか'보다 좀 더 정중한 느낌입니다.

3. ごぜん & ごご

'오전'이라는 ごぜん과 '오후'라는 ごご는 때를 나타내는 말입니다.

4. Aではなく、Bです

'Aではなく、Bです'는 'A는 아니고, B입니다'라는 뜻입니다. '~ではなく'는 '~ではない(~은 아니야)'를 '~은 아니고 / 아니며 / 아니라'라는 뜻으로 쓸 때 い가 く로 바뀌는 활용법입니다.
'~ではなく'는 '~じゃなく'로 바꿔 쓸 수 있습니다.

5. おしえてくださってありがとうございます。

이 문장을 분석하면 '알려 / 주셔서 / 감사합니다'이며 각각 て로 연결되어 있습니다.
くださる는 '~하여 주시다'라는 뜻으로, '~해 주다'라는 くれる의 존경어입니다.

1. 2그룹 동사의 ます형

일본어 동사 중 2그룹 동사(1단 동사)는 어미가 る로 끝나며, る 앞의 음이 い단이나 え단인 동사입니다. 2그룹 동사의 ます형은 어미 る를 빼고 ます를 붙입니다.

2그룹 동사	
み**る** 보다	み**ます** 봅니다
おし**え**る 가르치다	おしえ**ます** 가르칩니다

* 私はえいがを**みます**。　저는 영화를 **봅니다**.
  와따시와　에-가오　미마스

  私はけしきを**みます**。　저는 경치를 **봅니다**.
  와따시와　　케시끼오

* かのじょはにほんごを**おしえます**。　그녀는 일본어를 **가르칩니다**.
  카노조와　　니홍고오　　오시에마스

  かのじょはおんがくを**おしえます**。　그녀는 음악을 **가르칩니다**.
  　　　　　　온가꾸오

■ けしき 경치　■ おんがく 음악

+plus 편한 사이에서는 동사의 기본형을 쓰는데, 끝에 よ를 붙여 좀 더 자연스러운 느낌을 더합니다.

* 私はえいがを**みるよ**。　나는 영화를 **볼 거야**.
  와따시와　에-가오　미루요

  かのじょはにほんごを**おしえるよ**。　그녀는 일본어를 **가르쳐**.
  카노조와　　니홍고오　　오시에루요

2. 동사 ある와 いる

ある와 いる는 모두 '있다'라는 뜻인데, ある는 무생물, 식물, 사물의 존재에 대해 말할 때, いる는 사람이나 동물에 대해서 씁니다.
ある는 1그룹 동사로, ます형은 る를 り로 바꾼 형태이고,
いる는 2그룹 동사로, ます형은 る를 뺀 형태입니다.

* こうえんに木があります。 공원에 나무가 있습니다.
  코엔니　　　키가　　아리마스

  こうえんに花があります。 공원에 꽃이 있습니다.
  　　　　　하나가

  こうえんにベンチがあります。 공원에 벤치가 있습니다.
  　　　　　벤치가

* こうえんにともだちがいます。 공원에 친구가 있습니다.
  코엔니　　토모다찌가　　이마스

  こうえんにこいぬがいます。 공원에 강아지가 있습니다.
  　　　코이누가

  こうえんにこどもがいます。 공원에 어린이가 있습니다.
  　　　코도모가

  ■ 木(き) 나무　■ 花(はな) 꽃　■ ベンチ 벤치　■ ともだち 친구　■ こいぬ 강아지

+plus 편한 사이에서는 동사의 기본형을 쓰는데, 끝에 よ를 붙여 좀 더 자연스러운 느낌을 더합니다.

* こうえんに木があるよ。 공원에 나무가 있어.
  코엔니　　키가　아루요

  こうえんにこいぬがいるよ。 공원에 강아지가 있어.
  　　　코이누가　이루요

실력을 다지는 **탄탄 문법 & 표현**

3. ~ません

~ません은 ~ます의 부정형입니다.

	기본형	ます형	긍정형(+ます)	부정형(+ません)
1그룹 동사	いく 가다	いき	いきます 갑니다	いきません 가지 않습니다
1그룹 동사	あう 만나다	あい	あいます 만납니다	あいません 만나지 않습니다
2그룹 동사	みる 보다	み	みます 봅니다	みません 보지 않습니다
2그룹 동사	おしえる 가르치다	おしえ	おしえます 가르칩니다	おしえません 가르치지 않습니다

* 私(わたし)はみせにいきません。　　저는 가게에 가지 않습니다.
  와따시와 미세니　　이끼마셍

  私(わたし)はにほんにいきません。　　저는 일본에 가지 않습니다.
  　　　　　니혼니

* かのじょはえいがをみません。　　그녀는 영화를 보지 않습니다.
  카노조와　　에-가오　　미마셍

  かのじょはかがみをみません。　　그녀는 거울을 보지 않습니다.
  　　　　　카가미오

  ■ みせ 가게　■ かがみ 거울

+plus 편한 사이에서는 **ない**형에 **ない**를 붙입니다.

1그룹 동사의 **ない**형은 기본형의 끝소리를 **あ**단으로 바꾸고 **ない**를 붙입니다.

단, ~**う**로 끝나는 1그룹 동사는 **あ**가 아니라 **わ**인 것에 주의합니다.

2그룹 동사의 **ない**형은 어미 **る**를 빼고 **ない**를 붙입니다.

	기본형		ない형+ない
1그룹 동사	い く 가다	→	い か ない 가지 않아
	あ う 만나다		あ わ ない 만나지 않아
	う단		**あ단**
2그룹 동사	み る 보다		み ~~る~~ ない 보지 않아
	おしえ る 가르치다		おしえ ~~る~~ ない 가르치지 않아

* 私はみせにいかない。 나는 가게에 가지 않아.
  와따시와 미세니 이까나이

  かのじょはえいがをみない。 그녀는 영화를 보지 않아.
  카노조와   에-가오   미나이

Tip. ~ません 대신, ない에 です를 붙여 ~ないです라고 할 수 있습니다.

4. 동사의 て형

て형은 '~하고, ~해서'라는 뜻으로 동사를 연결하여 말할 때 활용할 수 있습니다.
1그룹 동사는 어미에 따라 바뀌는 형태가 달라집니다.
2그룹 동사는 어미 る를 빼고 て를 붙입니다.

	기본형 어미+て			て형	예	
1그룹 동사	う	+て	→	~って	あう 만나다	あって 만나고
	つ				まつ 기다리다	まって 기다리고
	る				つくる 만들다	つくって 만들고
	く	+て		~いて	かく 쓰다	かいて 쓰고
					예외) いく 가다	いって 가고
	ぐ			~いで	およぐ 수영하다	およいで 수영하고
	ぬ	+て		~んで	しぬ 죽다	しんで 죽고
	ぶ				あそぶ 놀다	あそんで 놀고
	む				のむ 마시다	のんで 마시고
	す	+て		~して	はなす 말하다	はなして 말하고
2그룹 동사	る	+て	→	~て	おきる 일어나다	おきて 일어나고
					たべる 먹다	たべて 먹고

기본형 어미+て		て형	예
*3그룹 동사	する 하다	+て →	して 하고
	くる 오다		きて 오고

* 3그룹 동사는 Unit 7에서 자세히 학습합니다.

- まつ 기다리다 ■ つくる 만들다 ■ かく (글자를) 쓰다 ■ およぐ 수영하다 ■ しぬ 죽다
- あそぶ 놀다 ■ のむ 마시다 ■ はなす 말하다 ■ おきる 일어나다 ■ たべる 먹다

+plus 1 동사의 て형+てください ~해 주세요

* **これをみてください。** 이것을 **봐 주세요**.
  코레오   미떼   쿠다사이

  これをおしえてください。 이것을 **가르쳐 주세요**.
  오시에떼

  これをかいてください。 이것을 **써 주세요**.
  카이떼

+plus 2 형용사의 て형

			い형용사 예	な형용사 예
い형용사	+て →	~くて	たかい (키가) 크다	たかくて (키가) 크고
な형용사		~で	ハンサムだ 잘생기다	ハンサムで 잘생기고

* **かれはせがたかくて、ハンサムでゆうめいです。**
  카레와   세가   타까꾸떼,   한사무데   유-메-데스

  그는 키가 크고, 잘생기고 유명합니다.

배운 것 확인하는 꼼꼼 연습문제

1. 해당하는 단어를 서로 연결하세요.

   ① 주말　•　　　　　　•　チケット

   ② 영화　•　　　　　　•　ごぜん

   ③ 티켓　•　　　　　　•　えいが

   ④ 오전　•　　　　　　•　しゅうまつ

2. 우리말에 해당하는 표현을 [보기]에서 찾아 쓰세요.

   [보기]　ごようけんはなんでしょうか　　とてもたのしみです
   　　　　なかむらゆうこさんはいらっしゃいますか　　もしもし

   ① 나카무라 유코 씨 계십니까?
   → _____ 。

   ② 아주 기대돼요.
   → _____ 。

   ③ 무슨 용건이십니까?
   → _____ 。

   ④ 여보세요.
   → _____ 。

p.235

3. 우리말을 보고 빈칸에 알맞은 말을 써넣으세요.

① 바쁘지 않아요.

→ いそがし_____ _____ _____ です。

② 같이 갈래요?

→ いっしょに_____ _____ _____ _____ _____ _____。

③ 오후 2시입니다.

→ _____ _____にじです。

④ 저에게 영화표가 있어요.

→ わたし_____えいが_____チケット_____ _____ _____ _____ _____。

4. 다음 우리말을 일본어로 바꿔 쓰세요.

① 공원에 강아지가 있습니다.

→ _____。

② 저는 경치를 봅니다.

→ _____。

③ 저는 가게에 가지 않습니다.

→ _____。

④ 이것을 가르쳐 주세요.

→ _____。

Unit 06. 여보세요. 103

재미를 더하는 일본 엿보기

편의점 천국 일본

일본은 '편의점(コンビニエンスストア 콤비니엔스 스토아, コンビニ 콤비니) 천국'이라는 별명처럼 편의점이 많이 있습니다. 길 건너편에 바로 같은 편의점이 있거나 몇 미터만 가도 편의점이 또 나올 만큼 많으며, 그만큼 이용하는 사람들도 많습니다.

일본의 편의점은 1974년 세븐일레븐(セブンイレブン 세붕 일레붕) 1호점을 시작으로, 일본 전국에 편의점들이 생겨나면서 2025년 기준, 5만여 점포가 넘었습니다. 2024년은 일본 편의점 역사가 50주년이 되는 해였습니다.

편의점에서는 식품과 잡화는 물론, 공공요금과 통신판매 등 각종 대금 납부, 사진인화, 복사, 팩스 서비스도 제공되고 있습니다. 다양한 상품들을 한자리에서 쉽게 구입할 수 있는 편리한 점이 있지만, 역시 할인마트 등보다 가격이 싸지 않다는 단점이 있습니다.

그렇지만 편의점에서 싸게 이용하기 좋은 아이템 하나 추천합니다. 계산대 옆에 있는 작은 미니 카페를 주목해 보세요. 이곳에서는 여느 커피 전문점처럼 폼나게 테이크아웃할 수 있는 도구들이 세심하게 챙겨져 있어서 편리함은 두말할 것도 없고요. 원두커피 한 잔(스몰 사이즈 기준)에 100엔(세금 제외)밖에 안 해서 많은 출근족들이 아침마다 애용한답니다. 실제로 편의점 최고 히트 상품으로 꼽혔습니다.

또 편의점마다 인기 아이템들이 다르기 때문에 각각 편의점을 돌면서 여러 가지 상품들을 접해 보세요. 간단한 끼니는 물론, 선물로도 많이 인기가 많습니다. 일본에서 많이 볼 수 있는 대표적인 편의점으로는 세븐일레븐, 패밀리마트(ファミリーマート 화미리- 마-토), 로손(ローソン 로-송), 미니스톱(ミニストップ 미니 스톱뿌) 등이 있습니다.

Unit 7
사진을 업로드했어요.
しゃしんをアップしました。
샤싱오 압프시마시따

< 학습 목표 >
1. 3그룹 동사의 ます형
2. ~ました (~ます의 과거형)
3. 동사의 た형
4. 동사의 た형 + たら: ~라면 (가정)

입에서 바로 나오는 술술 회화

회화 듣기
MP3.07-1

김지나가 와타나베에게 인스타그램에 있는 자신의 강아지 사진을 보여 주고 있습니다.

김지나 きのう、¹⁻¹インスタグラムに私のこいぬの
키노-,　　　　인스타그라무니　　　　와따시노　코이누노

しゃしんを³⁻¹アップしました。
샤싱오　　　　압프시마시따

와타나베 キムさんのこいぬ、ほんとうにかわいいです!
키무산노　　　코이누,　혼또-니　　　　카와이-데스!

김지나 さいきん、¹⁻²ユーチューブでかわいいこいぬの
사이낑,　　　유-츄-브데　　　　카와이-　　코이누노

どうががにんきですが、私もユーチューブを
도-가가　　닝끼데스가,　　　　와따시모　유-츄-브오

⁴いちどやってみましょうか。
이찌도　얏떼　　미마쇼-까?

와타나베 はい、私が³⁻²おうえんします。
하이,　와따시가　오-엔시마스

단어

- インスタグラム 인스타그램
- アップ 업로드
- する 하다
- さいきん 최근
- ユーチューブ 유튜브
- どうが 동영상
- にんき 인기
- いちど 한번, 일단; 한 번, 한 차례
- やる 하다
- ～てみる ～해 보다
- おうえん 응원

  회화 따라 하기

김지나	어제, 인스타그램에 우리 강아지 사진을 업로드했어요.
와타나베	김지나 씨 강아지, 정말 귀여워요!
김지나	최근, 유튜브에 귀여운 강아지 동영상이 인기인데, 나도 유튜브를 한번 해 볼까요?
와타나베	네, 내가 응원할게요.

  해설 강의 20강

1. インスタグラム & ユーチューブ

인스타그램과 유튜브를 일본어로 표기할 때는 가타카나로 합니다.

2. こいぬ

동물 이름 앞에 こ를 붙이면 그 동물의 새끼가 됩니다.

- いぬ 이누 개
  こいぬ 코이누 강아지
- ねこ 네꼬 고양이
  こねこ 코네꼬 새끼 고양이
- ぶた 부따 돼지
  こぶた 코부따 새끼 돼지
- うま 우마 말
  こうま 코우마 망아지
- うし 우시 소
  こうし 코우시 송아지

3. アップしました & おうえんします

する는 명사에 붙여 '~하다'라는 동사로 만들 수 있는데, 'アップ＋する', 'おうえん＋する' 등으로 활용이 가능합니다.

4. いちどやってみましょうか。

いちど는 시도할 때 '한번'이라는 뜻 외에, 동작의 횟수를 나타내는 '한 번'이라는 의미도 있습니다.

'やる(하다)＋みる(보다)'를 결합할 때, 앞의 동사를 て형으로 바꾸어 '해 보다'라는 뜻이 됩니다.

'~ましょうか'는 '~할까요?'라는 뜻으로 권유하거나 제안, 도움을 제공할 때 쓸 수 있는 표현입니다.

Unit 07. 사진을 업로드했어요. 107

 **입에서 바로 나오는 술술 회화**

야마모토와 나카무라가 업무상 온라인 회의를 마치고 있습니다.

야마모토 いじょうでオンラインかいぎをおえます。
이죠―데　　　온라잉　　　카이기오　　오에마스

みなさん ¹おつかれさまでした。
미나상　　　오쯔까레사마데시따

나카무라 あんけん ²についていけんがあったら
앙껜니　　　츠이떼　이껭가　　　앗따라

どうしましょうか。
도―시마쇼―까?

야마모토 ³Eメールでおくってください。
이―메―루데　　오꿋떼　　쿠다사이

나카무라 わかりました。
와까리마시따

단어
- いじょう 이상
- オンライン 온라인
- おえる 끝나다
- みなさん 여러분
- あんけん 안건
- ~について ~에 대해서, ~에 관해서
- いけん 의견
- Eメール 이메일
- おくる 보내다
- わかる 알다, 이해하다

해석

야마토 이상으로 온라인 회의를 마치겠습니다.
　　　　모두 수고하셨습니다.

나카무라 안건에 대해 의견이 있으면 어떻게 할까요?

야마토 이메일로 보내 주세요.

나카무라 알겠습니다.

해설

1. おつかれさまでした。

'수고하셨습니다'라는 뜻으로, 노고를 위로할 때나 일을 끝낸 사람에 대한 인사말입니다. 이것은 동료나 윗사람에게 쓰는 표현이고, 윗사람이 아랫사람에게는 **ごくろうさま** 고꾸로-사마, **おつかれさま** 오쯔까레사마라고 합니다.
참고로 수업을 마치고 나서 선생님은 학생에게 **おつかれさまでした。** 라고 하고, 학생은 선생님한테 '**ありがとうございました。** 아리가또- 고자이마시따 감사했습니다.'라고 합니다.

2. ~について

~については '~에 대해서, ~에 관해서'라는 표현입니다.

3. Eメール

'이메일'의 가타카나 표기입니다.
でんしメール 덴시메-루,
イーメール 이-메-루라고도 합니다.
참고로 **メール** 메-루는 카카오톡 같은 메시지 채팅을, **ショットメール** 숏토 메-루는 휴대폰에서 보내는 문자메시지를 의미합니다.

Unit 07. 사진을 업로드했어요. 109

 실력을 다지는 **탄탄 문법 & 표현**

 문법 강의
 22강

1. 3그룹 동사의 **ます**형

일본어에는 세 그룹의 동사가 있는데, 여기에서 배우는 것이 마지막 그룹입니다. 3그룹 동사(불규칙 동사)는 앞에서 배운 1, 2그룹과 다른 모양으로 활용합니다. 3그룹 동사는 **する**와 **くる** 두 개뿐입니다.

	기본형	긍정형	부정형
3그룹 동사 (불규칙 동사)	する 하다	します 합니다/해요	しません 하지 않습니다/하지 않아요
	くる 오다	きます 옵니다/와요	きません 오지 않습니다/오지 않아요

* 私(わたし)はしごとをします。 저는 일을 합니다.
  와따시와 시고또오　　　시마스

  私(わたし)はしごとをしません。 저는 일을 하지 않습니다.
  　　　　　　　　　　시마셍

* ともだちはこうえんへきます。 친구는 공원에 옵니다.
  토모다찌와　　코-엥에　　키마스

  ともだちはこうえんへきません。 친구는 공원에 오지 않습니다.
  　　　　　　　　　　　　키마셍

■ しごと 일　■ くる 오다

+plus 편한 사이에서 부정형은 **しない**(하지 않아), **こない**(오지 않아)라고 합니다.

2. ~ました

~ましたは ~ます의 과거형입니다.

	기본형	긍정형(+ます)	과거형(긍정)(+ました)
1그룹 동사	のむ 마시다	のみます 마십니다	のみました 마셨습니다
	わかる 이해하다	わかります 이해합니다	わかりました 이해했습니다
2그룹 동사	おきる 일어나다	おきます 일어납니다	おきました 일어났습니다
	たべる 먹다	たべます 먹습니다	たべました 먹었습니다
3그룹 동사	する 하다	します 합니다	しました 했습니다
	くる 오다	きます 옵니다	きました 왔습니다

* ジュースをのみました。　　　주스를 마셨습니다.
  쥬-스오　　노미마시따

  ぜんぶわかりました。　　　전부 이해했습니다.
  젬부　　와까리마시따

  7時におきました。　　　7시에 일어났습니다.
  시찌지니　오끼마시따

  すしをたべました。　　　초밥을 먹었습니다.
  스시오　　타베마시따

실력을 다지는 탄탄 문법 & 표현

3. 동사의 た형

동사의 た형은 과거를 나타낼 때 많이 쓰입니다. 1그룹 동사는 어미에 따라 바뀌는 형태가 달라집니다. 2그룹 동사는 어미 る를 빼고 た를 결합합니다. 3그룹 동사는 불규칙이므로 따로 외워야 합니다. Unit 6에서 배운 동사의 て형과 활용이 같습니다.

	기본형 어미+た			た형	예	
1그룹 동사	う	+た	→	~った	あう 만나다	あった 만났다
	つ				まつ 기다리다	まった 기다렸다
	る				つくる 만들다	つくった 만들었다
	く	+た		~いた	かく 쓰다	かいた 썼다
					예외) いく 가다	いった 갔다
	ぐ			~いだ	およぐ 수영하다	およいだ 수영했다
	ぬ	+た		~んだ	しぬ 죽다	しんだ 죽었다
	ぶ				あそぶ 놀다	あそんだ 놀았다
	む				のむ 마시다	のんだ 마셨다
	す	+た		~した	はなす 말하다	はなした 말했다
2그룹 동사	る	+た	→	~た	おきる 일어나다	おきた 일어났다
					たべる 먹다	たべた 먹었다

	기본형 어미+た		た형	예
3그룹 동사	する 하다	+た →	した	
				했다
	くる 오다		きた	
				왔다

+plus 편한 사이에서 과거형은 동사의 た형을 씁니다.

* ジュースをのんだ。   주스를 마셨다.
  쥬-스오   논다

  すしをたべた。   초밥을 먹었다.
  스시오   타베따

4. たら ~라면

'〜라면'이라는 뜻으로 가정을 나타냅니다. たら 앞에 동사의 た형이 옵니다.

* いまいったら、大丈夫です。   지금 간다면, 괜찮습니다.
  이마 잇따라,   다이죠-부데스

  いまのんだら、大丈夫です。   지금 마신다면, 괜찮습니다.
        논다라

  いまおしえたら、大丈夫です。   지금 가르친다면, 괜찮습니다.
     오시에따라

  いましたら、大丈夫です。   지금 한다면, 괜찮습니다.
      시따라

배운 것 확인하는 꼼꼼 연습문제

1. 해당하는 단어를 서로 연결하세요.

   ① 업로드 •   • インスタグラム

   ② 유튜브 •   • オンライン

   ③ 온라인 •   • アップ

   ④ 인스타그램 •   • ユーチューブ

2. 우리말에 해당하는 표현을 [보기]에서 찾아 쓰세요.

   [보기]
   オンラインかいぎをおえます　わかりました
   みなさんおつかれさまでした　ほんとうにかわいいです

   ① 정말 귀여워요.
   → _____ 。

   ② 모두 수고하셨습니다.
   → _____ 。

   ③ 알겠습니다.
   → _____ 。

   ④ 온라인 회의를 마치겠습니다.
   → _____ 。

3. 우리말을 보고 빈칸에 알맞은 말을 써넣으세요.

① 강아지 사진을 업로드했어요.
→ こにぬのしゃしんをアップ____ ____ ____ ____。

② 내가 응원할게요.
→ わたしがおうえん____ ____ ____。

③ 이메일로 보내 주세요.
→ ____ ____ー____でおくってください。

④ 나도 유튜브를 한번 해 볼까요?
→ わたし____ユーチューブを____ ____ ____やってみましょうか。

4. 다음 우리말을 일본어로 바꿔 쓰세요.

① 저는 일을 하지 않습니다.
→ _____。

② 주스를 마셨습니다.
→ _____。

③ 7시에 일어났습니다.
→ _____。

④ 지금 간다면, 괜찮습니다.
→ _____。

재미를 더하는 일본 엿보기

마네키네코

일본에서 흔히 볼 수 있는 고양이상이 있는데, 마네키네코(まねきねこ)라고 합니다. 직역하면 '부르는 고양이'로, 행운과 번영을 부르는 고양이라고 여겨지고 있습니다.

마네키네코는 앞발을 들고 있는 모양으로, 오른쪽 앞발을 들고 있는 고양이는 돈을 부르고, 왼쪽 앞발을 들고 있는 고양이는 손님을 부른다고 해서 가게에서 많이 볼 수 있습니다. 간혹 두 발을 다 든 것도 있는데, 이것은 욕심이 많으면 오히려 화가 된다고 받아들입니다.

여러 가지 색깔 별로 상징하는 의미도 다양합니다. 삼색 마네키네코는 가장 일반적인 것으로 인기가 많습니다. 수컷 삼색 마네키네코는 선원들에게 행운을 주는 고양이로 여겨지고 있습니다. 흰색 마네키네코는 복을 부르는 상징으로, 검은색 마네키네코는 악을 물리치는 부적으로, 빨간색 마네키네코는 병을 없애는 의미로, 금색 마네키네코는 돈을 부른다고 합니다. 요즘에는 학업 향상이나 교통 안전을 기원하는 파란색 마네키네코, 연애운을 부르는 분홍색 마네키네코도 있습니다.

Unit 8

날씨 어때요?
てんきはどうですか。

템끼와 도-데스까?

< 학습 목표 >

1. ~ませんでした (~ます의 과거형)
2. ~がすきです & ~がきらいです
   : ~을 좋아합니다 & ~을 싫어합니다 (기호 표현)
3. い형용사의 과거형 & 과거 부정형
4. ので & から: ~때문에
5. ~そうです: ~라고 합니다

MP3.08-1

야마모토와 이효민이 날씨에 대해 이야기하고 있습니다.

야마모토 あしたのてんきはどうですか。
아시따노 텡끼와 도-데스까?

이효민 あしたも ¹一日中(いちにちじゅう)あめがふるそうです。
아시따모 이찌니찌쥬- 아메가 후루소-데스

야마모토 ²つゆいりなので、あめがふるのも
츠유이리나노데, 아메가 후루노모

おかしくないですね。
오까시꾸 나이데스네

이효민 それでもきのうはあめがふりませんでしたね。
소레데모 키노-와 아메가 후리마센데시따네

³あめがふっているから、⁴きぶんがすぐれないです。
아메가 훗떼 이루까라, 키붕가 스구레나이데스

단어

- てんき 날씨 ■ 一日中(いちにちじゅう) 하루 종일 ■ あめ 비 ■ ふる (비, 눈이) 내리다, 오다
- つゆいり 장마철이 됨 ■ (な)ので ~때문에 ■ おかしい 이상하다, 우습다 ■ それでも 그래도
- から ~때문에 ■ きぶん 기분, 마음 상태 ■ すぐれない (기분, 건강이) 좋은 상태가 아니다

 **해석**

야마모토 내일 날씨 어때요?

이효민 내일도 하루 종일 비가 온대요.

야마모토 장마철이니, 비 오는 것도 이상하지 않죠.

이효민 그래도 어제는 비가 안 왔잖아요.
비가 오니까, 기분이 안 좋아요.

 **해설**

1. 一日中 _{いちにちじゅう}

一日은 뜻에 따라 읽는 법이 다릅니다. 대화문에서처럼 '(아침부터 저녁까지) 하루 종일'이라는 뜻일 때는 **いちにち** 이찌니찌라고 읽지만, '(매월 첫날인) 1일'은 **ついたち** 츠이따찌 라고 읽습니다.

2. つゆいり

'장마'라는 일본어 **つゆ**를 한자로 보면 **梅雨**입니다. 매실을 뜻하는 **梅**가 장마와 무슨 관계인가 싶은데, 매실이 열리는 무렵에 비가 온다고 해서 **梅雨**가 '장마'라는 뜻을 가지게 되었다는 유래가 있습니다.
장마의 시작은 **つゆいり**, 장마의 끝은 **つゆあけ** 츠유아께라고 합니다.

3. あめがふっている

동사의 **て**형에 **いる**를 합쳐 '~하고 있다'라는 뜻이 됩니다.

4. きぶん

우리말의 '기분'이라는 일본어 단어에는 **きぶん**과 **きもち** 키모찌가 있습니다. 주변의 분위기나 상황에 의한 몸과 마음 상태를 말할 때는 **きぶん**, 자신의 생각이나 감정, 또는 본래 타고난 성격이나 느낌을 말할 때는 **きもち**라고 합니다. 비슷한 말 같지만 어감의 차이를 확실히 익혀 두세요.

- **きぶん**がわるいです。
  키붕가 와루이데스
  불쾌해요. / 기분이 상해요. / 화가 나요. / (몸 상태가) 안 좋아요.

- **きもち**がわるいです。
  키모찌가 와루이데스
  징그러워요. / 역겨워요. / 토할 거 같아요.

- ■ **わるい** 나쁘다

입에서 바로 나오는 술술 회화

와타나베와 김지나가 좋아하는 계절에 대해 이야기하고 있습니다.

와타나베 どの¹きせつが²いちばん好きですか。
도노 키세쯔가 이찌방 스끼데스까?

김지나 私は冬がいちばん好きです。
와따시와 후유가 이찌방 스끼데스

와타나베 私は冬は³さむくてきらいです。
와따시와 후유와 사무꾸떼 키라이데스

김지나 あ、そうなんですね。
아, 소-난데스네

きのうはさむくなかったんですが、
키노-와 사무꾸 나깟딴데스가,

きょうはさむいですね。
쿄-와 사무이데스네

あ、はつゆきがふっていますよ。
아, 하쯔유끼가 훗떼 이마스요

단어
- きせつ 계절
- いちばん 가장
- 好(す)きだ 좋아하다
- 冬(ふゆ) 겨울
- さむい 춥다
- きらいだ 싫어하다
- はつゆき 첫눈

 **해석**

와타나베 어느 계절을 제일 좋아해요?

김지나 저는 겨울이 가장 좋아요.

와타나베 저는 겨울은 추워서 싫어요.

김지나 아, 그렇군요.
어제는 춥지 않았는데, 오늘은 추워요.
아, 첫눈이 오고 있어요.

 **해설**

1. きせつ

きせつ는 '계절'이라는 뜻입니다.
사계절을 일본어로 알아보면 다음과 같습니다.

- 봄   春 하루
- 여름   夏 나쯔
- 가을   秋 아끼
- 겨울   冬 후유

각 계절의 대표적인 날씨는 い형용사로 나타낼 수 있습니다.

- あたたかい春 아따따까이 하루 따뜻한 봄
- あつい夏 아쯔이 나쯔 더운 여름
- すずしい秋 스즈시- 아끼 선선한 가을
- さむい冬 사무이 후유 추운 겨울

2. いちばん

いち는 숫자 '1', ばん은 '~번'이라는 뜻으로, '1번, 첫째'라는 뜻인데, '가장, 제일'이라는 의미로도 많이 쓰입니다.

- いちばんはやい 이찌방 하야이
  가장 빠르다
- いちばんむずかしい 이찌방 무즈까시-
  가장 어렵다

3. さむくてきらいです。

い형용사의 て형에 きらい를 붙여 '~해서 싫다'라는 뜻이 됩니다.
い형용사의 て형은 い를 く로 바꾸고 て를 붙입니다.

- さむい + て → さむくて

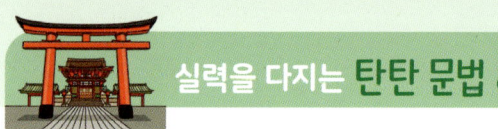 

25강

1. ~ませんでした

~ませんでした는 ~ません의 과거형입니다.

	긍정형	부정형
현재	~ます ~합니다	~ません ~하지 않습니다
과거	~ました ~했습니다	~ませんでした ~하지 않았습니다

* 私_{わたし}はがっこうにいきませんでした。   저는 학교에 가지 않았습니다.
  와따시와 각꼬-니　　　이끼마센데시따

　私_{わたし}はがっこうにきませんでした。   저는 학교에 오지 않았습니다.
　　　　　　　　　　키마센데시따

* かれはコーヒーをのみませんでした。   그는 커피를 마시지 않았습니다.
  카레와　　코-히-오　　노미마센데시따

　かれはすしをたべませんでした。   그는 초밥을 먹지 않았습니다.
　　　　스시오　타베마센데시따

■ コーヒー 커피

+plus 편한 사이에서는 동사의 ない형에 なかった를 붙입니다.

* 私_{わたし}はがっこうにいかなかった。   나는 학교에 가지 않았어.
  와따시와 각꼬-니　　　이까나깟따

　私_{わたし}はがっこうにこなかった。   나는 학교에 오지 않았어.
　　　　　　　　　코나깟따

* かれはコーヒーをのまなかった。   그는 커피를 마시지 않았어.
  카레와　　코-히-오　　노마나깟따

　かれはすしをたべなかった。   그는 초밥을 먹지 않았어.
　　　　스시오　타베나깟따

2. ~が好きです & ~がきらいです
~을 좋아합니다 & ~을 싫어합니다

好きだ는 '좋아하다', きらいだ는 '싫어하다'라는 뜻으로, 기호를 표현합니다.
好きだ와 きらいだ 모두 な형용사 활용을 합니다. 그리고 우리말은 '〜을 좋아하다/싫어하다'라고 해서 조사로 を를 쓸 것 같지만, が를 쓰는 것에 주의합니다.

> **Tip.** きらいだ와 비슷한 단어로 にがてだ 니가떼다가 있습니다.
> にがてだ는 '싫다' 외에 '서투르다, 못하다'라는 뜻도 있습니다.

* 私は冬が好きです。　　　　　　저는 겨울을 좋아합니다.
　와따시와 후유가　스끼데스

　私はすしが好きです。　　　　　저는 초밥을 좋아합니다.
　　　　스시가

　私はいぬが好きです。　　　　　저는 개를 좋아합니다.
　　　　이누가

* 私は夏がきらいです。　　　　　　저는 여름을 싫어합니다.
　와따시와 나쯔가　키라이데스

　私はラーメンがきらいです。　　저는 라멘을 싫어합니다.
　　　　라멩가

　私はねこがきらいです。　　　　저는 고양이를 싫어합니다.
　　　　네꼬가

■ ラーメン 라멘

> **Tip.** 일본어에서 '사랑해요'라는 말은 あいしてる 아이시떼루인데, 보통 사랑한다는 표현은
> 好(す)き를 사용하여 だいすきです 다이스끼데스라고 합니다.

실력을 다지는 탄탄 문법 & 표현

3. い형용사의 과거형 & 과거 부정형

い형용사 과거형의 정중한 표현은 い를 빼고, かったです를 씁니다.
과거 부정형의 정중한 표현은 い를 く로 바꾸고 なかったです를 씁니다.
ありませんでした라고도 할 수 있습니다.

* **このすしはおいしいです。** 이 초밥은 맛있습니다. (현재 긍정형)
  코노 스시와 오이시-데스

  このすしはおいしくないです。 이 초밥은 맛있지 않습니다. (현재 부정형)
  　　　　　　오이시꾸　나이데스

  このすしはおいしかったです。 이 초밥은 맛있었습니다. (과거 긍정형)
  　　　　　　오이시깟따데스

  このすしはおいしくなかったです。 이 초밥은 맛있지 않았습니다. (과거 부정형)
  　　　　　　오이시꾸　나깟따데스

  = **このすしはおいしくありませんでした。**
  　　　　　　오이시꾸　아리마센데시따

+plus 편한 사이에서 い형용사의 과거형은 い를 빼고, かった를 씁니다.
과거 부정형은 い를 く로 바꾸고 なかった를 씁니다.
정중한 표현에서 です를 뺀 것과 같습니다.

* **このえいがはおもしろい。** 이 영화는 재미있어. (현재 긍정형)
  코노 에-가와 오모시로이

  このえいがはおもしろくない。 이 영화는 재미있지 않아. (현재 부정형)
  　　　　　　오모시로꾸　나이

  このえいがはおもしろかった。 이 영화는 재미있었어. (과거 긍정형)
  　　　　　　오모시로깟따

  このえいがはおもしろくなかった。 이 영화는 재미있지 않았어. (과거 부정형)
  　　　　　　오모시로꾸　나깟따

4. ので & から　　~때문에

접속조사 ので와 から는 둘 다 '~때문에'라는 뜻으로 이유나 원인을 나타냅니다. ので는 객관적인 이유를 말하며 격식을 갖춘 표현이고, から는 주관적이며 비격식적인 상황에서 사용할 수 있습니다.

	동사	い형용사	な형용사	명사
ので (객관적 이유)	いくので 가기 때문에	たかいので 크기 때문에	ゆうめい**な**ので 유명하기 때문에	あめ**な**ので 비 때문에
から (주관적 이유)	いくから 가기 때문에	たかいから 크기 때문에	ゆうめい**だ**から 유명하기 때문에	あめ**だ**から 비 때문에

Tip. から는 '~부터'라는 뜻도 있습니다.

5. ~そうです　　~라고 합니다

~そうです는 '~라고 합니다'라는 뜻으로, 들은 이야기나 정보를 전달할 때 씁니다.

명사 + **だ**	
い형용사 / な형용사 / 동사의 기본형	+ そうです

* かのじょは<ruby>日本人<rt>にほんじん</rt></ruby>だそうです。　　그녀는 일본인**이라고 합니다**.
　カノジョ와　　ニホン진다　　소-데스

　かのじょはいそがしいそうです。　　그녀는 바쁘**다고 합니다**.
　　　　　　　이소가시-

　かのじょは<ruby>日本<rt>にほん</rt></ruby>にいくそうです。　　그녀는 일본에 간**다고 합니다**.
　　　　　　니혼니 이꾸

배운 것 확인하는 꼼꼼 연습문제

1. 해당하는 단어를 서로 연결하세요.

① 비 •　　　　　　　　　• きせつ

② 기분 •　　　　　　　　• きぶん

③ 계절 •　　　　　　　　• あめ

④ 첫눈 •　　　　　　　　• はつゆき

2. 우리말에 해당하는 표현을 [보기]에서 찾아 쓰세요.

[보기]
　　きぶんがすぐれないです　　　はつゆきがふっていますよ
　　てんきはどうですか　　　どのきせつがいちばんすきですか

① 날씨가 어때요?

→ _____ 。

② 기분이 안 좋아요.

→ _____ 。

③ 어느 계절을 제일 좋아해요?

→ _____ 。

④ 첫눈이 오고 있어요.

→ _____ 。

p.236

3. 우리말을 보고 빈칸에 알맞은 말을 써넣으세요.

① 하루 종일 비가 온대요.

→ いちにちじゅうあめがふる_____ _____ _____ _____。

② 비 오는 것도 이상하지 않죠.

→ あめがふるのも_____ _____ _____ _____ _____です。

③ 저는 겨울이 추워서 싫어요.

→ わたしはふゆが_____ _____ _____ _____ _____ _____です。

④ 어제는 춥지 않았어요.

→ きのうは_____ _____ _____ _____ _____んです。

4. 다음 우리말을 일본어로 바꿔 쓰세요.

① 저는 학교에 가지 않았습니다.

→ _____。

② 저는 겨울을 좋아합니다.

→ _____。

③ 저는 여름을 싫어합니다.

→ _____。

④ 이 초밥은 맛있지 않았습니다.

→ _____。

Unit 08. 날씨 어때요? 127

재미를 더하는 일본 엿보기

가라오케

일본의 가라오케(カラオケ)는 우리나라의 노래방과 약간 차이가 있지만, 노래 부르기를 즐기는 장소라는 공통점이 있습니다. 우리나라 노래방은 인원수와 상관없이 빌리는 방의 시간당 요금이거나, 부르는 곡 수대로 내는 코인 노래방 형태인데, 가라오케는 보통 인당 요금을 내고 조건에 따라 다양한 요금이 있습니다. 어떤 체인점인지, 회원인지 아닌지, 이용 시간이 낮인지 밤인지, 평일인지 주말인지, 학생과 성인에 따라 요금이 달라집니다. 우리나라 노래방에서는 서비스 시간이 종종 있는데, 가라오케에는 없습니다. 대신 '프리타임(フリータイム 후리-타이무)'이라는 것이 있는데, 보통 5~6시간 정도 지정된 시간 내에 가라오케를 이용할 수 있습니다. 시간대에 따라 아주 저렴하게 이용할 수 있습니다.

가라오케에서는 음식을 시켜 먹으면서 노래하는 것이 아주 흔하기 때문에 다양한 '음식 메뉴(フードメニュー 후-도 메뉴-)'가 준비되어 있습니다. 또한 '드링크바(ドリンクバー 도링크 바-)'에서 음료수를 무한대(のみほうだい 노미호-다이)로 마실 수 있습니다. 보통 음료수는 요금에 포함됩니다.

カラオケ는 'カラ(텅 빔, 허공)'와 'オケ(오케스트라의 줄임말)'가 합쳐져서 만들어진 말로 '텅 빈 오케스트라'라는 뜻이 되는데, 오케스트라 없이 기계 반주가 나오는 모습을 표현한 단어라고 보는 유래도 있습니다.

Unit 9
산이 좋아요.
やまのほうがすきです。
야마노 호-가 스끼데스

< 학습 목표 >
1. な형용사의 과거형
2. 동사의 ます형 + にいきます: ~하러 갑니다
3. 동사의 기본형 + とおもいます: ~라고 생각합니다
4. AよりBのほうが~: A보다 B의 쪽을 더 ~

입에서 바로 나오는 **술술 회화**

와타나베와 김지나가 취미에 대해 이야기를 나눕니다.

와타나베 ¹⁻¹このまえ ⁴⁻¹やまのぼりサークルに
코노 마에 야마노보리 사-크루니

²とうろくしました。
토-로꾸 시마시따

김지나 やまのぼりがあなたのしゅみだとは
야마노보리가 아나따노 슈미다또와

³しりませんでした。
시리마센데시따

와타나베 ⁴⁻²とざんふくととざんぐつをかいにいきます。
토잔후꾸또 토장구쯔오 카이니 이끼마스

김지나 ¹⁻²このまえじてんしゃをかいましたよね。
코노 마에 지뗀샤오 카이마시따요네

와타나베 そうです。じつはたのしくなかったです。
소-데스. 지쯔와 타노시꾸 나깟따데스

それで⁵やめようとおもいます。
소레데 야메요-또 오모이마스

단어

- このまえ 요전; 이전
- やまのぼり 등산
- サークル 동호회, 서클
- とうろく 등록
- しゅみ 취미
- しる 알다
- とざんふく 등산복
- とざんぐつ 등산화
- かう 사다
- じてんしゃ 자전거
- じつ 진실, 참
- たのしい 즐겁다, 유쾌하다
- それで 그래서
- やめる 그만두다
- よう 의지, 권유 등을 나타냄
- おもう 생각하다

 **해석**

- 와타나베: 최근에 등산 동호회에 가입했어요.
- 김지나: 등산이 당신의 취미인 줄 몰랐어요.
- 와타나베: 등산복이랑 등산화를 사러 갈 거예요.
- 김지나: 이전에 자전거를 샀잖아요.
- 와타나베: 그래요. 사실은 재미없었어요. 그래서 관두려고요.

 회화 따라 하기

 **해설**  해설 강의 26강

1. このまえ

'이전, 요전'이라는 뜻만 있는 것이 아니라, '최근에'라는 의미로도 쓰입니다. 처음의 **このまえ**는 '최근에'라는 뜻이고, 두 번째 **このまえ**는 '이전에'라는 뜻입니다.

2. とうろくしました。

'**とうろく + しました**' 형태는 '명사 + する'로 이루어진 단어입니다. **しました**는 **する**의 과거 정중한 표현입니다.

3. ~しりませんでした。

'알다'라는 동사 **しる**의 과거 부정형입니다. **しる**의 형태는 2그룹 동사지만 예외로 1그룹 동사에 속합니다. 그래서 **ます**형으로 바꿀 때 **る**를 **り**로 바꿉니다.

- **しる** + **ませんでした**
  → **しりませんでした**

참고로 て형은 **しって**, た형은 **しった** 입니다.

4. やまのぼり & とざんふくとざんぐつ

'등산'과 관련된 일본어로 **やまのぼり**와 **とざん**(登山)이 있는데, 산에 오르는 '등산'은 **やまのぼり**로, 등산복과 등산화에서는 **とざん~**이라고 합니다.

5. やめようとおもいます。

よう는 '~해야지'라는 자신의 의지를 나타내는 표현으로, 2그룹 동사인 **やめる**와 결합할 때는 **る**를 빼고 **よう**를 붙입니다. '~**ようとおもう** ~하려고 하다' 형태로 활용됩니다.

- **やめる**(관두다) + **よう**(~해야지) + **とおもう**(~라고 생각하다)
  → **やめようとおもう**
  관두려고 생각하다

김지나와 와타나베가 산과 바다의 기호에 대해 이야기를 나눕니다.

김지나 [1]やまとうみとどちらのほうが好きですか。
야마또 우미또 도찌라노 호―가 스끼데스까?

와타나베 私はやまのほうが好きです。
와따시와 야마노 호―가 스끼데스

김지나 私はやま[2]よりうみのほうが好きです。
와따시와 야마 요리 우미노 호―가 스끼데스

와타나베 私も[3]むかしはうみのほうが好きでしたが、
와따시모 무까시와 우미노 호―가 스끼데시따가,

いまはやまのほうが好きです。
이마와 야마노 호―가 스끼데스

단어

- やま 산
- うみ 바다
- どちら 어느 쪽, 어느 것
- ほう 쪽, 방향
- より ~보다
- むかし 예전; 옛날

 해석

김지나   산과 바다 중 어느 쪽을 좋아해요?
와타나베 저는 산을 더 좋아해요.
김지나   저는 산보다 바다를 더 좋아해요.
와타나베 저도 예전에는 바다를 좋아했는데, 지금은 산을 더 좋아해요.

 회화 따라 하기

해설  해설 강의 27강

1. AとBとどちらのほうがすきですか。

どちら는 '어느 쪽, 어느 것'이라는 뜻입니다. 두 가지 중 어느 것을 골라야 할 때는 'AとBとどちらのほうが好きですか。'라고 하고, 대답은 '~(のほう)が好きです'라고 합니다. 참고로, 세 가지 이상의 것에서 고를 때는 '~のなかでなにがいちばん好きですか ~노 나까데 나니가 이찌방 스끼데스까? ~중에 어느 것을 가장 좋아합니까?'라고 물어봅니다.

2. より

より는 '~보다'라는 뜻으로 비교를 나타내는데, 'AよりBのほうが~ A보다 B쪽을 더 ~'라는 구문이 많이 쓰입니다. より 앞에는 명사나 동사의 기본형이 옵니다.

- 私よりあなた 와따시 요리 아나따
  저보다 당신
- みるよりする 미루 요리 스루
  보기보다 하기

3. むかし

むかし는 시간적으로 거슬러 올라간 과거의 한 시기를 뜻하는 말로, '옛날', '예전'이라는 의미입니다.

- むかしばなし 무까시 바나시 옛날이야기
- むかしむかし 무까시 무까시 옛날 옛날에
- むかしのままのすがた
  무까시노 마마노 스가따 예전 그대로의 모습

실력을 다지는 탄탄 문법 & 표현

문법 강의

28강

1. な형용사의 과거형

な형용사의 정중한 과거형은 어간에 현재형의 です 대신 でした를 쓰면 됩니다.

* 私^{わたし}はピザが好^すきです。   저는 피자를 좋아합니다. (현재 긍정형)
  와따시와 피자가 스끼데스

  私^{わたし}はピザが好^すきじゃありません。   저는 피자를 좋아하지 않습니다. (현재 부정형)
  스끼쟈 아리마셍

  私^{わたし}はピザが好^すきでした。   저는 피자를 좋아했습니다. (과거 긍정형)
  스끼데시따

* この花^{はな}はきれいです。   이 꽃은 예쁩니다.
  코노 하나와 키레-데스

  この花^{はな}はきれいじゃありません。   이 꽃은 예쁘지 않습니다.
  키레-쟈 아리마셍

  この花^{はな}はきれいでした。   이 꽃은 예뻤습니다.
  키레-데시따

■ ピザ 피자

+plus 1 편한 사이에서는 でした 대신 '~だった'를 붙입니다.

* 私^{わたし}はピザが好^すき。   나는 피자를 좋아해.
  와따시와 피자가 스끼

  私^{わたし}はピザが好^すきじゃない。   나는 피자를 좋아하지 않아.
  스끼쟈 나이

  私^{わたし}はピザが好^すきだった。   나는 피자를 좋아했어.
  스끼닷따

+plus 2 な형용사 과거 부정형은 な형용사의 어간에 **ではありませんでした**나 **じゃありませんでした**를 씁니다. 또는 な형용사의 어간에 **ではなかったです**나 **じゃなかったです**를 쓸 수도 있습니다. 편한 사이에서는 な형용사의 어간에 **ではなかった**나 **じゃなかった**를 쓰면 됩니다.

* 私(わたし)はピザが好(す)き**ではありませんでした**。
  와따시와 피자가 스끼데와 아리마센데시따
  저는 피자를 좋아하지 않았습니다. (과거 부정형)

= 私(わたし)はピザが好(す)き**じゃなかったです**。
  스끼쟈 나깟따데스

* 私(わたし)はピザが好(す)き**じゃなかった**。   나는 피자를 좋아하지 않았어.
  스끼쟈 나깟따

2.

~にいきます   ~하러 갑니다

'동사의 **ます**형+**にいく**' 형태는 '~하러 가다'라는 뜻으로, 가는 목적을 나타냅니다. **いく** 대신 **くる**를 쓰면 '~하러 오다'라는 뜻이 됩니다.

* 私(わたし)はえいがをみ**にいきます**。   저는 영화를 보러 갑니다.
  와따시와 에-가오 미니 이끼마스

  私(わたし)はコーヒーをのみ**にいきます**。   저는 커피를 마시러 갑니다.
  코-히-오 노미니

  私(わたし)はしごとをし**にいきます**。   저는 일을 하러 갑니다.
  시고또오 시니

* かれはあそび**にきます**。   그는 놀러 옵니다.
  카레와 아소비니 키마스

  かれはおよぎ**にきます**。   그는 수영하러 옵니다.
  오요기니

실력을 다지는 탄탄 문법 & 표현

3.

~とおもいます   ~라고 생각합니다

おもう는 '생각하다'라는 동사인데, '명사/형용사/동사+とおもう' 형태로 '~라고 생각하다', '~인 것 같다'라는 뜻입니다. 자신의 의견이나 감상, 느낌에 대해 말할 때 쓰는 표현입니다.

명사+だ
い형용사의 기본형
な형용사의 기본형
동사의 기본형

+とおもう

* 日本人だとおもいます。   일본인이라고 생각합니다.
  니혼진다또   오모이마스

  おいしいとおもいます。   맛있다고 생각합니다.
  오이시-또

  ゆうめいだとおもいます。   유명하다고 생각합니다.
  유-메-다또

  いくとおもいます。   간다고 생각합니다.
  이꾸또

4. AよりBのほうが~   A보다 B의 쪽을 더 ~

비교 대상이 두 개인 문장에서 많이 쓰는 표현입니다.
のほうが를 붙여야 좀 더 정중하고 자연스러운 일본어가 됩니다.

Q いぬとねことどちらが好きですか。
이누 또 네꼬 또 도찌라가   스끼데스까?
개와 고양이 중 어느 쪽을 좋아합니까?

A1 いぬよりねこのほうが好きです。
이누 요리 네꼬노 호-가 스끼데스
개보다 고양이를 더 좋아합니다.

A2 ねこよりいぬのほうが好きです。
네꼬 요리 이누노 호-가 스끼데스
고양이보다 개를 더 좋아합니다.

Q あかいぼうしとあおいぼうしとどちらがきれいですか。
아까이 보-시 또 아오이 보-시 또 도찌라가   키레-데스까?
빨간 모자와 파란 모자 중 어느 쪽이 더 예쁩니까?

A1 あかいぼうしよりあおいぼうしのほうがきれいです。
아까이 보-시 요리 아오이 보-시노 호-가 키레-데스
빨간 모자보다 파란 모자가 더 예쁩니다.

A2 あおいぼうしよりあかいぼうしのほうがきれいです。
아오이 보-시 요리 아까이 보-시노 호-가 키레-데스
파란 모자보다 빨간 모자가 더 예쁩니다.

■ あかい 빨갛다 ■ ぼうし 모자 ■ あおい 파랗다

배운 것 확인하는 꼼꼼 연습문제

1. 해당하는 단어를 서로 연결하세요.

   ① 등산 •   • じてんしゃ

   ② 취미 •   • うみ

   ③ 바다 •   • やまのぼり

   ④ 자전거 •   • しゅみ

2. 우리말에 해당하는 표현을 [보기]에서 찾아 쓰세요.

   [보기]
   しりませんでした　　やまとうみとどちらのほうがすきですか
   やめようとおもいます　　わたしはやまのほうがすきです

   ① 그만 두려고요.
   → _____ 。

   ② 산과 바다 중 어느 쪽을 좋아해요?
   → _____ 。

   ③ 저는 산이 좋아요.
   → _____ 。

   ④ 몰랐어요. (알지 못했어요.)
   → _____ 。

p.237

3. 우리말을 보고 빈칸에 알맞은 말을 써넣으세요.

① 사실은 재미없더라고요.
→ じつは ___ ___ ___ ___ なかったです。

② 사러 갈 거예요.
→ かい ___ ___ ___ ます。

③ 저는 산보다 바다를 더 좋아해요.
→ わたしはやま ___ ___ うみ ___ ___ ___ ___ すきです。

④ 예전에는 바다를 더 좋아했어요.
→ むかしはうみ ___ ___ ___ ___ すき ___ ___ ___ 。

4. 다음 우리말을 일본어로 바꿔 쓰세요.

① 저는 영화를 보러 갑니다.
→ _____。

② 맛있다고 생각합니다.
→ _____。

③ 저는 피자를 좋아했습니다.
→ _____。

④ 개보다 고양이를 더 좋아합니다.
→ _____。

Unit 09. 산이 좋아요. 139

재미를 더하는 일본 엿보기

일본의 전통 공연 예술

도쿄에 가면, '가부키'를 전문적으로 공연하는 극장인 가부키자(かぶきざ)가 있습니다. 현대적인 공연이 많아진 만큼 상대적으로 전통 공연이 적어졌지만, 매니아들에게는 여전히 인기가 많습니다.

① **가부키(かぶき)**

음악과 춤을 중심으로 한 일종의 무용극입니다. 에도 시대에 서민 중심의 예능으로 시작하여 현재까지 약 400년 동안 이어져 온 일본 전통 예술입니다. 화려한 복장과 인상적인 분장, 독특한 연기와 음악이 조화를 이룬 공연으로 전용 극장에서 볼 수 있습니다.

② **노(のう)**

현존하는 가장 오래된 전통 가무극입니다. 무용과 연극의 결합체로 역사적 이야기나 전설을 바탕으로 한 공연을 통해 일본의 전통적인 가치관과 윤리적 가르침을 담고 있습니다. '가부키'가 서민 연극이라면, '노'는 귀족 연극입니다.

③ **분라쿠(ぶんらく)**

일본의 전통 인형극으로 세 명의 연기자가 인형을 들고 조종합니다. 이때 연기자들은 검정 옷을 입고 무대에서 인형을 조종하고, 연기가 이루어지는 동안 해설자가 각 인물의 목소리로 이야기를 전개합니다. '분라쿠'는 서민을 위한 성인용 인형극으로 유네스코 세계 무형 문화유산입니다.

④ **라쿠고(らくご)**

해학적인 독백 형식으로 진행되는 만담입니다. 만담가는 혼자 1인 다역으로 이야기를 전개합니다. 이 만담가를 라쿠고카(らくごか)라고 합니다. 이야기의 장단을 맞추는 북, 샤미센(일본의 전통 악기), 대금 등의 악기를 배경으로, 만담가는 수수한 기모노 차림에 수건과 부채를 들고 무대 중앙의 방석에 앉아서 공연을 합니다.

⑤ **만자이(まんざい)**

두 명의 희극인이 서로 말을 주고받는 만담 형식이며, 오사카와 교토를 중심으로 발전했습니다. 현재는 TV와 라디오 등 매체에서 인기를 이어오고 있습니다.

Unit 10
한복을 입어 보고 싶어요.
韓服をきてみたいです。
함보쿠오 키떼 미따이데스

< 학습 목표 >
1. 동사의 た형+たことがあります: ~한 적이 있습니다
2. 동사의 た형+たほうがいいです: ~하는 편이 좋습니다
3. 동사의 ます형+たいです: ~하고 싶습니다

입에서 바로 나오는 술술 회화

야마모토와 이효민이 설 인사를 하고 있습니다.

야마모토: ¹あけましておめでとうございます。

きょねんはおせわになりました。

ことしもよろしくおねがいします。

이효민: あけましておめでとうございます。

こちらこそよろしくおねがいします。

야마모토: 韓国では ²おしょうがつに ³なにをしますか。

이효민: ⁴⁻¹トッククをたべて、⁴⁻²韓服もきます。

야마모토: トッククはたべたことがあります。

私は韓服をきてみたいです。

단어
- おしょうがつ 설 ■ ト␣ック 떡국
- 韓服(ハンボク) 한복 ■ きる (옷을) 입다 ■ こと 일, 것 ■ たい ~하고 싶다

 해석
회화 따라 하기

야마모토 새해 복 많이 받으세요.
　　　　　지난해에는 감사했습니다. 올해도 잘 부탁드립니다.

이효민 새해 복 많이 받으세요. 저야말로 잘 부탁드립니다.

야마모토 한국에서는 설날에 무엇을 해요?

이효민 떡국을 먹고, 한복도 입어요.

야마모토 떡국은 먹어 본 적이 있어요.
　　　　　저는 한복을 입어 보고 싶어요.

 해설　　　　　　　　　　　　　　　　　　　　 해설 강의
29강

1. あけましておめでとうございます。

설 인사인 '새해 복 많이 받으세요'에 해당하는 일본어입니다.
일본어에는 신년 인사로 항상
'あけましておめでとうございます。
きょねんはおせわになりました。
ことしもよろしくおねがいします。'
와 같이 세트로 말합니다.

2. おしょうがつ

일본의 설날은 양력 1월 1일입니다.
설 전날 〈NHK 가요 홍백전〉을 보며
'としこしそば 토시꼬시소바(토시코시소바)'
를 먹습니다. 이것은 '한 살 더 먹는다'는 것을 의미하는 소바로, 우리가 설날 당일에 떡국을 먹는 것과 비슷합니다.

3. なに

何의 발음은 なに와 なん이 있습니다. 대화문에서처럼 문장에서 독립적으로 사용하거나 직접적인 조사 없이 사용할 때는 なに라고 합니다. 수량이나 시간을 나타내는 말과 결합할 때는 なん이라고 읽습니다.

- なにをかいますか。 나니오 카이마스까?
  무엇을 삽니까?
- なんじですか。 난지데스까?
  몇 시입니까?

4. トックク & 韓服 (ハンボク)

'떡국'과 '한복'은 한국 고유의 것으로, 한국어 발음과 비슷하게 가타카나로 표기합니다.
한복은 **チマチョゴリ** 치마쵸고리라고도 합니다.

회화 듣기
MP3.10-2

김지나와 와타나베가 추석과 오봉에 대해 이야기를 나눕니다.

김지나
かんこく
韓国はもうすぐ¹チュソクです。
캉꼬꾸와　모―스구　츄소쿠데스

²⁻¹きゅうれきの8月15日です。
큐―레끼노　하찌가쯔 쥬―고니찌데스

와타나베
にほん
日本には「おぼん」がありますが、
니혼니와　　'오봉'가　　아리마스가,

²⁻²しんれきの8月15日です。
신레끼노　하찌가쯔 쥬―고니찌데스

김지나
そうなんですね。
소―난데스네

와타나베
でも、「おぼんやすみ」と5月の
데모,　'오봉야스미'또　고가쯔노

「³ゴールデンウィーク」には人がおおいので、
'고―루뎅 위―쿠'니와　　히또가　오―이노데,

にほん
日本りょこうはさけたほうがいいです。
니혼　료꼬―와　　사께따　호―가　이―데스

단어

- チュソク 추석(한국의 명절) ■ きゅうれき 음력 ■ おぼん 오봉(일본의 명절) ■ しんれき 양력
- やすみ 휴가, 휴일, 쉬는 날 ■ おおい 많다 ■ さける 피하다

 **해석**

김지나   한국은 곧 추석이에요.
           음력 8월 15일이에요.

와타나베   일본에는 '오봉'이 있는데, 양력 8월 15일이에요.

김지나   그렇군요.

와타나베   그런데, '오봉 야스미'와 5월의 '황금연휴'에는 사람이 많아서,
           일본 여행은 피하는 편이 좋아요.

회화 따라 하기

 **해설**

해설 강의
30강

1. チュソク

추석(秋夕)은 우리 고유의 명절이므로, 한국어 발음과 비슷하게 가타카나로 표기합니다.

2. きゅうれき & しんれき

음력을 사용하는 우리나라와 중국과는 달리, 일본은 음력을 거의 쓰지 않습니다. 참고로, 일본에서는 서기력보다 일본 독자적인 역법인 '**われき** 와레끼(일본력)' 라는 연호를 더 많이 사용하는데, 천황의 계승이 있는 해에 연호를 새롭게 개정하며 이를 '원호'라고 합니다.

3. ゴールデンウィーク

ゴールデンウィーク는 4월 말에서 5월 초에 걸친 일본의 황금연휴입니다.
4월 29일 '쇼와의 날',
5월 3일 '헌법기념일',
5월 4일 '녹색의 날',
5월 5일 '어린이날'에, 5월 1일 '메이데이 (근로자의 날)'와 대체 휴일 제도로 일주일 정도의 긴 연휴가 됩니다.
이 시기에는 많은 일본인들이 여행하기 때문에, 일본 여행을 계획하고 있다면 참고하세요.

실력을 다지는 탄탄 문법 & 표현

31강

1.

> ~たことがあります　　~한 적이 있습니다

동사의 た형에 たことがあります를 쓰면 '~한 적이 있습니다'라는 뜻이 됩니다.
과거에 어떤 일에 대한 경험이 있다고 할 때 사용합니다.
반대로 '~한 적이 없습니다'라고 할 때는 あります 대신 ありません을 씁니다.

Q あなたは日本にいったことがありますか。
　　아나따와　　니혼니　　잇따　　코또가　　아리마스까?
　당신은 일본에 간 적이 있습니까?

A1 私は日本にいったことがあります。
　　와따시와 니혼니　　잇따　　코또가　　아리마스
　저는 일본에 간 적이 있습니다.

A2 私は日本にいったことがありません。
　　　　　　　　　　　　　　　　아리마셍
　저는 일본에 간 적이 없습니다.

Q あなたはなっとうをたべたことがありますか。
　　아나따와　　낫또-오　　타베따　　코또가　　아리마스까?
　당신은 낫토를 먹어본 적이 있습니까?

A1 私はなっとうをたべたことがあります。
　　와따시와 낫또-오　　타베따　　코또가　　아리마스
　저는 낫토를 먹어본 적이 있습니다.

A2 私はなっとうをたべたことがありません。
　　　　　　　　　　　　　　　　　아리마셍
　저는 낫토를 먹어본 적이 없습니다.

■ なっとう 낫토(삶은 콩을 발효시킨 일본 전통 음식)

Q あなたはおさけをのんだことがありますか。
아나따와　　　오사께오　　　논다　　　코또가　　　아리마스까?
당신은 술을 마셔본 적이 있습니까?

A1 私(わたし)はおさけをのんだことがあります。
와따시와 오사께오　　　논다　　　코또가　　　아리마스
저는 술을 마셔본 적이 있습니다.

A2 私(わたし)はおさけをのんだことがありません。
　　　　　　　　　　　　　　　　　　　아리마셍
저는 술을 마셔본 적이 없습니다.

■ おさけ 술

+plus 편한 사이에서는 '~たことがある ~한 적이 있어',
'~たことがない ~한 적이 없어'라고 합니다.

* 私(わたし)は日本(にほん)にいったことがあるよ。　　나는 일본에 간 적이 있어.
  와따시와 니혼니　　잇따　　코또가　　아루요

  私(わたし)は日本(にほん)にいったことがないよ。　　나는 일본에 간 적이 없어.
  　　　　　　　　　　　　　　　　나이요

Unit 10. 한복을 입어 보고 싶어요. 147

실력을 다지는 탄탄 문법 & 표현

2. ~たほうがいいです　~하는 편이 좋습니다

동사의 た형에 たほうがいいです를 쓰면 '~하는 편이 좋습니다'라는 뜻이 됩니다. 상대방에게 충고나 조언을 할 때 사용하는 표현입니다.

* バスにのったほうがいいです。　　버스를 타는 편이 좋습니다.
  바스니 놋따 호-가 이-데스

  コートをきたほうがいいです。　　외투를 입는 편이 좋습니다.
  코-토오 키따

  そうじしたほうがいいです。　　청소하는 편이 좋습니다.
  소-지시따

  あなたがきたほうがいいです。　　당신이 오는 편이 좋습니다.
  아나따가 키따

- のる (탈것에) 타다 ■ コート 외투 ■ そうじする 청소하다

+plus '좋다'는 いい와 よい 두 가지 형태가 있습니다.
いい는 문장 끝에서나 명사를 수식할 때 주로 쓰이며, 회화에서 많이 사용합니다.
よい는 부정, 가정, 과거, 추측 표현에서 사용하며, 좀 더 격식 있고 공식적인 느낌입니다.

현재 긍정형	현재 부정형	과거 긍정형	과거 부정형
いいです。 이-데스 좋습니다.	よくないです。 요꾸 나이데스 좋지 않습니다.	よかったです。 요깟따데스 좋았습니다.	よくなかったです。 요꾸 나깟따데스 좋지 않았습니다.
いい。 이- 좋아.	よくない。 요꾸 나이 좋지 않아.	よかった。 요깟따 좋았어.	よくなかった。 요꾸 나깟따 좋지 않았어.

3. ~たいです　　~하고 싶습니다

동사의 **ます**형에 **たいです**를 쓰면 '~하고 싶습니다'라는 뜻이 됩니다.
말하는 사람의 바람을 나타내는 표현으로, 편한 사이에서는 **です**를 빼면 됩니다.
반대로 '~하고 싶지 않습니다'라고 하려면 **たくないです**를 씁니다.
~**たい**를 부정형으로 바꿀 때 **い**형용사의 활용과 같이 **い**를 **く**로 바꾸고
ないです를 붙인 것입니다. 편한 사이에서는 **です**를 빼면 됩니다.

* **えいがをみたいです。**　　영화를 보고 싶습니다.
  에-가오　　미따이데스

  すしをたべたいです。　　초밥을 먹고 싶습니다.
  스시오　　타베따이데스

* **ほんをよみたくないです。**　　책을 읽고 싶지 않습니다.
  홍오　　요미따꾸　　나이데스

  ビールをのみたくないです。　　맥주를 마시고 싶지 않습니다.
  비-루오　　노미따꾸

* **えいがをみたい。**　　영화를 보고 싶어.
  에-가오　　미따이

  ほんをよみたくない。　　책을 읽고 싶지 않아.
  홍오　　요미따꾸　　나이

  ■ **ビール** 맥주

배운 것 확인하는 꼼꼼 연습문제

1. 해당하는 단어를 서로 연결하세요.

   ① 휴가 •　　　　　　　• りょこう

   ② 많다 •　　　　　　　• やすみ

   ③ 설 •　　　　　　　• おおい

   ④ 여행 •　　　　　　　• おしょうがつ

2. 우리말에 해당하는 표현을 [보기]에서 찾아 쓰세요.

   [보기]
   あけましておめでとうございます
   こちらこそよろしくおねがいします
   ことしもよろしくおねがいします

   ① 올해도 잘 부탁드립니다.
   → _____。

   ② 저야말로 잘 부탁드립니다.
   → _____。

   ③ 새해 복 많이 받으세요.
   → _____。

3. 우리말을 보고 빈칸에 알맞은 말을 써넣으세요.

① 일본 여행은 피하는 편이 좋아요.
→ にほんりょこうはさけ____ ____ ____ ____いいです。

② 한국은 곧 추석이에요.
→ かんこくは____ ____ ____ ____チュソクです。

③ 떡국은 먹어본 적이 있어요.
→ トッククはたべ____ ____ ____ ____あります。

④ 저는 한복을 입어 보고 싶어요.
→ わたしはハンボクをきて____ ____ ____です。

4. 다음 우리말을 일본어로 바꿔 쓰세요.

① 저는 일본에 간 적이 있습니다.
→ _____。

② 저는 술을 마신 적이 없습니다.
→ _____。

③ 버스를 타는 편이 좋습니다.
→ _____。

④ 영화를 보고 싶습니다.
→ _____。

재미를 더하는 일본 엿보기

일본의 추석 '오봉'

오봉(おぼん)은 원래 음력 7월 15일을 전후로 한 명절이었습니다. 1873년(메이지유신) 양력 달력이 도입되면서부터 양력 7월 15일에 시행했는데, 농번기와 겹치면서 양력 8월 15일로 변경되었습니다. 오봉야스미(おぼんやすみ)라는 연휴 기간은 8월 13일부터 16일까지 4일간을 말합니다.

오봉은 죽은 영혼이 가족을 찾아오는 날로, 조상의 영혼에게 풍성한 삶과 번영을 빌고 제사를 지낸다는 점이 우리의 추석과 비슷합니다. 오봉 기간의 첫날인 13일에는 조상의 영혼들이 길을 잃지 않도록 '맞이하는 불(むかえび 무까에비)'을 집 앞에 밝히고, 음식을 차려 놓습니다. 마지막 날인 16일에는 조상의 영혼들이 잘 돌아가라는 '보내는 불(おくりび 오꾸리비)'을 밝힙니다. 그리고 우리의 성묘처럼 조상의 산소를 찾아가 공양(おはかまいり 오하까마이리)을 합니다.

오봉 연휴 기간에는 각 지역별로 다양한 축제(おぼんまつり 오봉마쯔리)가 열리는데, 축제에서는 유카타(ゆかた)를 입고 모여 다 함께 빙빙 돌며 추는 봉오도리(ぼんおどり)라는 춤을 춥니다.

오봉의 유래와 풍습은 불교를 기반으로 하고 있어서, 고기나 생선이 들어간 음식을 먹지 않는 경향이 있습니다.

Unit 11

추천 메뉴로 할게요.
おすすめメニューにします。
오스스메 메뉴-니 시마스

> **< 학습 목표 >**
> 1. 동사의 て형+て[で]もいいですか : ~해도 됩니까?
> 2. ~にします : ~(으)로 하겠습니다
> 3. 숫자+杯 : ~ 잔
> 4. 동사의 ない형+ないほうがいいです
>   : ~하지 않는 편이 좋습니다

김지나와 와타나베가 키오스크에서 음식을 주문하고 있습니다.

김지나 きょうの¹おすすめメニューは²⁻¹まぜそばですね。
쿄-노　　오스스메　　　메뉴-와　　　　　마제소바데스네

와타나베 私はそれより、²⁻²とんこつラーメンがいいです。
와따시와 소레 요리,　　통꼬쯔　　　라-멩가　　　이-데스

김지나 私はおすすめメニューにします。
와따시와 오스스메　　메뉴-니　　　시마스

와타나베 ギョーザとサラダをついかしてもいいですか。
교-자또　　　사라다오　　츠이까시떼모　　　이-데스까?

김지나 もちろんです、³のみものは⁴⁻¹スプライトで
모찌론데스,　　　　　노미모노와　　　스프라이토데
大丈夫ですか。
나이쇼-부데스까?

와타나베 私は⁴⁻²コーラをちゅうもんしてください。
와따시와　코-라오　　츄-몬시떼　　　　쿠다사이

단어
- おすすめ 추천　　メニュー 메뉴　　ギョーザ 만두　　サラダ 샐러드　　ついかする 추가하다
- もちろん 물론, 말할 것도 없이　　のみもの 마실 것, 음료　　スプライト 스프라이트　　コーラ 콜라
- ちゅうもんする 주문하다

김지나 오늘의 추천 메뉴는 마제소바군요.
와타나베 나는 그거보다, 돈코츠 라멘이 좋아요.
김지나 나는 추천 메뉴로 할게요.
와타나베 교자와 샐러드를 추가해도 될까요?
김지나 물론이죠, 음료는 스프라이트로 괜찮아요?
와타나베 나는 콜라를 주문해 주세요.

1. おすすめ

일본에서 식사나 쇼핑할 때 뭘 골라야 할지 모르겠다면, 추천 메뉴나 추천 상품을 물어보세요.

- おすすめメニュー 오스스메 메뉴-
  추천 메뉴
- おすすめしょうひん 오스스메 쇼-힝
  추천 상품
- おすすめスポット 오스스메 스폿토
  추천 장소

2. まぜそば & とんこつラーメン

まぜそば 마제소바는 일본 나고야에서 만들어진 메밀국수 요리로, '섞다'라는 뜻의 まぜる 마제루와 '메밀국수'라는 뜻의 そば 소바가 합쳐진 말입니다. 이름과는 달리 메밀이 아닌 밀로 만든 국수를 비벼 먹는 일종의 비빔국수입니다.

とんこつラーメン 돈코츠라멘은 돼지 뼈를 우려낸 육수로 만든 라멘의 일종으로, 후쿠오카 하카타의 명물입니다.

3. のみもの

のみもの는 '마시다'라는 のむ의 ます형에 '것'이라는 もの를 붙여 만들어진 명사입니다.
같은 원리로 만들어진 단어로는 たべもの 타베모노 '먹을 것, 음식', かいもの 카이모노 '쇼핑' 등이 있습니다.

4. スプライト & コーラ

스프라이트, 콜라 등은 외래어이므로 가타카나로 표기합니다.
참고로 일본에서는 알코올이 없는 음료를 ソフトドリンク 소후토 도링크라고 하는데, 청량음료, 주스, 커피, 차 등을 모두 포함합니다.

입에서 바로 나오는 술술 회화

이효민과 야마모토가 맥주를 마시면서 이야기를 나눕니다.

이효민 あつい 夏(なつ)にはやはりつめたいビールが
아쯔이　　나쯔니와　야하리　　츠메따이　　비-루가

さいこうです。 ¹かんぱい!
사이꼬-데스.　　　　캄빠이!

야마모토 かんぱい!
캄빠이!

이효민 もう²一杯(いっぱい)ちゅうもんしましょうか。
모-　　입빠이　츄-몬시마쇼-까?

야마모토 いいえ、³むりしないほうがいいです。
이-에,　　　무리시나이　　　호-가　　이-데스

단어

- あつい 덥다　■ 夏(なつ) 여름　■ やはり 역시　■ つめたい 차갑다　■ さいこうだ 최고이다
- かんぱい 건배　■ もう 더, 이 위에 또　■ 杯 잔, 그릇　■ むり 무리

 해석

이효민　더운 여름에는 역시 시원한 맥주가 최고예요. 건배!

야마모토　건배!

이효민　한 잔 더 주문할까요?

야마모토　아니요, 무리하지 않는 편이 좋겠어요.

 해설

1. かんぱい

일본어로 '건배'는 **かんぱい**라고 합니다. 일본인에게 '건배'는 술에 대해 '잘 먹겠습니다'라는 마음가짐을 나타냅니다. 보통 식사를 시작할 때 '잘 먹겠습니다'라고 하듯이, '건배'도 첫 잔에만 '건배'를 외칩니다. 그리고 잔을 꼭 비우지 않아도 되고, 잔에 술이 절반 이하로 남아 있으면 첨잔을 합니다. 우리의 술 문화와 다른 것에 주의합니다. 참고로 일본인들은 식사 전에 꼭 '잘 먹겠습니다'라고 하고, 식사를 마치면 '잘 먹었습니다'라고 인사를 합니다.

- **いただきます。** 이따다끼마스
  잘 먹겠습니다.
- **ごちそうさまでした。** 고찌소-사마데시따
  잘 먹었습니다.

2. 一杯(いっぱい)

杯는 '잔, 그릇'을 세는 말로, 앞에 오는 숫자에 따라 발음이 달라집니다.
一杯(いっぱい)는 '한 잔'이라는 뜻도 있지만, '가득'이라는 뜻도 있습니다.
'한 잔'이라는 뜻일 때는 높은 소리에서 낮게 떨어지는 소리이고, '가득'이라는 뜻일 때는 반대로 낮은 소리에서 높게 올라가는 억양의 소리입니다.

3. むり

むり는 '무리'라는 우리말과 발음이 같습니다. 명사로도 쓰이지만, な형용사로도 쓰입니다.

- **これはむりです。** 코레와 무리데스
  이것은 무리입니다.
- **これはむりなことです。**
  코레와 무리나 코또데스
  이것은 무리한 일입니다.

실력을 다지는 탄탄 문법 & 표현

34강

1. ~て[で]もいいですか　~해도 됩니까?

동사의 て형에 て[で]もいいですか를 붙이면 '~해도 됩니까?'라는 뜻으로, 상대방에게 허락을 구하는 표현이 됩니다.
'~해도 됩니다'라고 대답할 때는 ~て[で]もいいです라고 합니다.
'~하지 않아도 됩니다'라고 할 때는 '동사의 ない형+~なくてもいいです'라고 합니다.

* ビールをのんでもいいですか。　　맥주를 마셔도 됩니까?
　비-루오　　논데모　　이-데스까?

　テレビをみてもいいですか。　　텔레비전을 봐도 됩니까?
　테레비오　　미떼모

　まどをあけてもいいですか。　　창문을 열어도 됩니까?
　마도오　　아께떼모

　これをしてもいいですか。　　이것을 해도 됩니까?
　코레오　　시떼모

* いまいってもいいです。　　지금 가도 됩니다.
　이마　잇떼모　　이-데스

　いまたべてもいいです。　　지금 먹어도 됩니다.
　　　타베떼모

　いまきてもいいです。　　지금 와도 됩니다.
　　　키떼모

　いまよまなくてもいいです。　　지금 읽지 않아도 됩니다.
　　　요마나꾸떼모

　いまみなくてもいいです。　　지금 보지 않아도 됩니다.
　　　미나꾸떼모

■ テレビ 텔레비전　■ まど 창문　■ あける 열다

2. ~にします　　~(으)로 하겠습니다

'~にします'는 앞으로 어떤 일을 하려고 하는 자신의 의사를 나타낼 때 쓰는 표현으로 '~(으)로 하겠습니다'라는 뜻입니다. 음식점 등에서 주문할 때 많이 쓰는 표현입니다.

* **アイスコーヒーにします。**　　아이스커피로 하겠습니다.
아이스코-히-니　　시마스

ビビンバにします。　　비빔밥으로 하겠습니다.
비빔바니

■ アイスコーヒー 아이스커피　■ ビビンバ 비빔밥

3. 숫자+杯　　~잔

잔을 세는 단위인 杯는 앞의 숫자에 따라 발음이 달라집니다.

한 잔	두 잔	석 잔	넉 잔	다섯 잔
一杯 (いっぱい) 입빠이	二杯 (にはい) 니하이	三杯 (さんばい) 삼바이	四杯 (よんはい) 용하이	五杯 (ごはい) 고하이
여섯 잔	**일곱 잔**	**여덟 잔**	**아홉 잔**	**열 잔**	**몇 잔**
六杯 (ろっぱい) 롭빠이	七杯 (ななはい) 나나하이	八杯 (はっぱい) 합빠이	九杯 (きゅうはい) 큐-하이	十杯 (じゅっぱい) 쥽빠이	何杯 (なんはい) 낭하이

* **ビールをもう一杯ください。**　　맥주 한 잔 더 주세요.
비-루오　　　모-　　입빠이　쿠다사이

コーラを三杯ください。　　콜라 세 잔 주세요.
코-라오　　　삼바이　쿠다사이

실력을 다지는 **탄탄 문법 & 표현**

4.
> **~ないほうがいいです** ~하지 않는 편이 좋습니다

동사의 た형에 たほうがいいです를 쓰면 '~하는 편이 좋습니다, ~하는 것이 낫습니다'라는 뜻으로 상대방에게 충고나 조언을 하는 표현입니다. (Unit 10)
동사의 ない형에 ないほうがいいです를 쓰면, '~하지 않는 편이 좋습니다'라는 뜻이 됩니다.

* **いまいかないほうがいいです。** 지금 가지 않는 편이 좋습니다.
  이마 이까나이 호-가 이-데스

  いまかわないほうがいいです。 지금 사지 않는 편이 좋습니다.
  카와나이

  いまたべないほうがいいです。 지금 먹지 않는 편이 좋습니다.
  타베나이

  いましないほうがいいです。 지금 하지 않는 편이 좋습니다.
  시나이

+plus 1 편한 사이에서는 です를 빼면 되는데, 끝에 よ를 붙여 좀 더 자연스러운 느낌을 더합니다.

* **いまいかないほうがいいよ。** 지금 가지 않는 편이 좋아.
  이마 이까나이 호-가 이-요

+plus 2 '～하는 편이 좋았습니다, ～하지 않는 편이 좋았습니다'라고
과거 시제로 표현하려면 어떻게 할까요?

> 동사의 た형+ほうがよかったです　　~하는 편이 좋았습니다
> 동사의 ない형+ないほうがよかったです
> 　　　　　　　　　　　　　　　　　~하지 않는 편이 좋았습니다

* **きのういったほうがよかったです。**
  키노－　잇따　　호－가　　요깟따데스
  어제 가는 편이 좋았습니다.

  きのうかったほうがよかったです。
  　　　　캇따
  어제 사는 편이 좋았습니다.

  きのうたべたほうがよかったです。
  　　　　타베따
  어제 먹는 편이 좋았습니다.

  きのうしたほうがよかったです。
  　　　　시따
  어제 하는 편이 좋았습니다.

* **きのういかないほうがよかったです。**
  키노－　이까나이　　호－가　　요깟따데스
  어제 가지 않는 편이 좋았습니다.

  きのうかわないほうがよかったです。
  　　　　카와나이
  어제 사지 않는 편이 좋았습니다.

  きのうたべないほうがよかったです。
  　　　　타베나이
  어제 먹지 않는 편이 좋았습니다.

  きのうしないほうがよかったです。
  　　　　시나이
  어제 하지 않는 편이 좋았습니다.

배운 것 확인하는 꼼꼼 연습문제

1. 해당하는 단어를 서로 연결하세요.

   ① 덥다 •   • のみもの

   ② 차갑다 •   • あつい

   ③ 메뉴 •   • つめたい

   ④ 마실 것 •   • メニュー

2. 우리말에 해당하는 표현을 [보기]에서 찾아 쓰세요.

   [보기]
   コーラをちゅうもんしてください　　かんぱい
   つめたいビールがさいこうです　　　もちろんです

   ① 시원한 맥주가 최고예요.
   → _____。

   ② 건배.
   → _____。

   ③ 물론이죠.
   → _____。

   ④ 콜라를 주문해 주세요.
   → _____。

p.238

3. 우리말을 보고 빈칸에 알맞은 말을 써넣으세요.

① 무리하지 않는 편이 좋겠어요.

→ むり____ ____ ____ ほうがいいです。

② 나는 그거보다, 돈코츠 라멘이 좋아요.

→ わたしはそれ____ ____、

とんこつラーメンが____ ____ ____ ____。

③ 나는 추천 메뉴로 할게요.

→ わたしは____ ____ ____ ____メニュー____ ____ ____ ____。

④ 샐러드를 추가해도 될까요?

→ サラダをついかし____ ____ ____ ____ですか。

4. 다음 우리말을 일본어로 바꿔 쓰세요.

① 지금 가지 않는 편이 좋습니다.

→ _____。

② 어제 먹지 않는 편이 좋았습니다.

→ _____。

③ 창문을 열어도 됩니까?

→ _____。

④ 지금 보지 않아도 됩니다.

→ _____。

> 재미를 더하는 일본 엿보기

일본의 면 요리

일본의 라멘에는 인스턴트 라멘과 생라멘이 있습니다. 생라멘은 국물맛과 면 종류 및 지역에 따라 종류가 다양합니다. 우동은 국물 색에 따라 진한 간장색을 띤 간토 지방 우동과 연한 국물 색의 간사이 지방 우동으로 나뉩니다. 소바는 후루룩 소리를 내면서 먹어야 합니다. 우동과 같은 국물에 면을 우동면이나 소바면으로 골라서 주문하는 메뉴가 보편적입니다.

일본의 대중적인 면요리 삼총사로 라멘, 우동, 소바가 있습니다.

① **라멘**(ラーメン)
- 소금으로 간을 한 **시오라멘**(しおラーメン)
- 간장으로 맛을 낸 **소유라멘**(しょうゆラーメン)
- 일본 된장인 미소로 만든 **미소라멘**(みそラーメン)
- 돼지뼈를 우려낸 **돈코츠라멘**(とんこつラーメン)

② **우동**(うどん)
조리법에 따라
- 삶은 우동면을 그 국물째 담아내는 **가마아게우동**(かまあげうどん),
- 육수에 면과 재료를 푹 끓이는 **니코미우동**(にこみうどん),
- 우동면을 삶아 찬물에 헹군 후 얼음이나 얼음물이 담긴 그릇에 담아, 파와 와사비를 곁들인 쯔유에 찍어 먹는 **히아시우동**(ひやしうどん),
- 삶은 우동면에 채소와 고기를 넣고 소스에 볶은 **야키우동**(やきうどん)

고명에 따라
- 넓은 유부를 얹은 **기쓰네우동**(きつねうどん),
- 튀김 고명을 얹은 **다누키우동**(たぬきうどん),
- 날달걀을 얹은 **츠키미우동**(つきみうどん)

③ **소바**(そば)
- 따뜻한 국물에 넣어 먹는 **가케소바**(かけそば)
- 차게 먹는 **자루소바**(ざるそば)
- 12월 31일 긴 소바면처럼 오래 살기를 기원하며 먹는 **토시코시소바**(としこしそば)
- 이사를 하고 이웃들과 나눠먹는 **힛코시소바**(ひっこしそば)

Unit 12
얼마예요?
いくらですか。
이꾸라데스까?

> < 학습 목표 >
> 1. 동사의 て형+てみます : ~해 봅니다
> 2. 동사의 의지형+とおもっています
>   : ~하려고 생각하고 있습니다
> 3. ~できる & 동사의 가능형

입에서 바로 나오는 술술 회화 ①

MP3.12-1

김지나가 옷가게에서 옷을 고르며 점원과 이야기합니다.

김지나 これ、きてみてもいいですか。
코레, 키떼미떼모 이-데스까?

점원 はい、しちゃくしつはあちらでございます。
하이, 시쨔꾸시쯔와 아찌라데 고자이마스.

김지나 これよりワンサイズ[1]おおきいのはありますか。
코레 요리 완 사이즈 오-끼-노와 아리마스까?

점원 はい、[2]しょうしょうおまちください。
하이, 쇼-쇼- 오마찌 쿠다사이.

김지나 [3]いくらですか。
이꾸라데스까?

점원 にじゅっパーセント ろくせんよんひゃくえん
20%わりびきなので、6400円です。
니쥽 파-센또 와리비끼나노데, 록셍 용햐꾸엔데스.

セールしょうひんなので、こうかんはできますが、
세-루 쇼-힌나노데, 코-깡와 데끼마스가,

はらいもどしはできません。
하라이모도시와 데끼마셍.

단어
- しちゃくしつ 탈의실 ■ ワン 원, 하나 ■ サイズ 사이즈 ■ 少々(しょうしょう) 잠시, 잠깐
- まち 기다림 ■ いくら 얼마 ■ パーセント 퍼센트, 백분율(%) ■ わりびき 할인
- 円(えん) 엔(일본의 화폐 단위) ■ セール 세일 ■ しょうひん 상품 ■ こうかん 교환
- できる 할 수 있다, 가능하다 ■ はらいもどし 환불

 **해석**

김지나 　이거, 입어 봐도 돼요?

점원 　네, 탈의실은 저쪽입니다.

김지나 　이것보다 한 사이즈 큰 거 있어요?

점원 　네, 잠시만요.

김지나 　얼마예요?

점원 　20% 할인이라서, 6,400엔입니다.
　　　 세일 상품이라, 교환은 되지만, 환불은 안 됩니다.

 **해설**

1. おおきいの

형용사 **おおきい**에 **の**를 붙여 '큰 것'이라는 뜻이 됩니다. 형용사나 동사 뒤에 **の**를 붙이면 '~한 것'이라는 표현입니다. **い**형용사는 기본형에 바로 **の**를 붙이면 되고, **な**형용사는 기본형에서 **だ**를 뺀 어간에 **なの**를 붙입니다. 동사는 기본형에 **の**를 붙입니다.

- **い형용사**
  あかい**の** 아까이노 빨간 것
- **な형용사**
  きれい**なの** 키레이나노 예쁜 것
- **동사**
  いく**の** 이꾸노 가는 것

2. 少々おまちください。
　　しょうしょう

少々에서 **々**는 앞의 글자를 반복할 때 쓰는 기호입니다. 상대방에게 '잠시만 기다려 주세요'라는 뜻으로 '**ちょっとまってください。** 춋또 맛떼 쿠다사이'도 있지만, 이것보다 좀 더 정중한 표현입니다.
'기다리다'라는 동사 **まつ**의 **ます**형인 **まち** 앞에 **お**를 붙여 공손한 표현이 되었습니다.

3. いくらですか。

'얼마입니까'라는 뜻으로, 가게나 음식점 등에서 많이 쓰이는 표현입니다. 좀 더 정중하게 표현하려면 앞에 **お**를 붙여 '**おいくらですか。** 오이꾸라데스까?'라고 할 수도 있습니다.

입에서 바로 나오는 술술 회화

야마모토는 여자 친구 생일 선물에 대해 이효민과 이야기합니다.

야마모토 ¹デパートにいっしょに ²いきませんか。

이효민 なにかかうものがありますか。

야마모토 ³かのじょのたんじょうびなので、

プレゼントをかおうとおもっています。

이효민 ネックレスは ⁴どうですか。

야마모토 え、⁵たかくないですか。

이효민 ちょうどセールちゅうなので、

すこし ⁶やすくかえるでしょう。

단어

- デパート 백화점
- かのじょ 여자 친구
- ネックレス 목걸이
- たかい (값이) 비싸다; 크다, 높다
- ちょうど 마침
- ちゅう (시간적) 사이, 도중
- すこし 조금, 약간
- やすく 싸게
- かえる 살 수 있다

 **해석**

야마모토 백화점에 같이 갈래요?

이효민 뭐 살 것이 있어요?

야마모토 여자 친구 생일이라, 선물을 사려고 생각하고 있는데요.

이효민 목걸이 어때요?

야마모토 어, 비싸지 않을까요?

이효민 마침 세일 중이니, 조금 싸게 살 수 있을 거예요.

 **해설**

1. デパート

'백화점'이라는 뜻으로, デパートメントストア의 준말입니다.

2. いきませんか。

'동사의 ます형+ませんか'는 직역하면 '~하지 않겠습니까?'로, 실제는 권유하는 뜻을 담은 정중한 표현으로 씁니다. 부정형으로 물어보는 만큼 상대방을 배려하는 어감이 있습니다.

3. かのじょ

かのじょ는 '그녀'라는 뜻 외에 '여자 친구'라는 의미도 있습니다. '남자 친구'는 かれし 카레시라고 합니다. 참고로, 恋人 코이비토는 '연인, 애인'이라는 뜻이고, 우리말의 '애인'인 愛人 아이징은 불륜 상대를 의미하니 주의하세요.

4. どうですか。

どうですか。는 '어떠세요?'라는 뜻으로 상대방에게 권하거나 의견을 물어볼 때 쓰는 표현입니다. 이보다 좀 더 격식을 갖춰야 한다면 'いかがですか。이까가데스까?'라고 합니다.

5. たかくないですか。

형용사 たかい는 대화문에서 '(가격이) 비싸다'라는 뜻으로 쓰였는데, 이외에 '(키가) 크다', '(높이가) 높다' 등의 뜻도 있습니다. い형용사의 ない형은 い를 く로 바꿉니다.

- たかい + ない → たかくない

6. やすくかえるでしょう。

やすく는 '가격이 싸다'는 형용사 やすい의 부사형으로 '싸게'라는 뜻입니다. '~でしょう'는 '~일 것입니다'라고 추측할 때는 말끝을 내리고, '~이죠?'라고 물어보거나 확인할 때는 말끝을 올립니다. 대화문에서는 싸게 살 수 있을 것이라고 추측하는 의미이므로 말끝을 내립니다.

실력을 다지는 탄탄 문법 & 표현

37강

1. ~てみます   ~해 봅니다

동사의 て형에 '보다'라는 뜻의 **みる**를 붙여 '~해 보다'라는 의미가 됩니다.
이때 **みる**는 보조동사입니다.

* **あした私がいってみます。**   내일 제가 가 보겠습니다.
  아시따 와따시가 잇떼 미마스

  あした私がたべてみます。   내일 제가 먹어 보겠습니다.
          타베떼

  あした私がきてみます。   내일 제가 입어 보겠습니다.
          키떼

  あした私がしてみます。   내일 제가 해 보겠습니다.
          시떼

+plus 1 과거형으로 표현할 때는 보조동사 **みる**를 과거형으로 바꿉니다.

* **きのう私がいってみました。**   어제 제가 가 봤습니다.
  키노- 와따시가 잇떼 미마시따

+plus 2 편한 사이에서는 보조동사 **みる**를 기본형(현재)이나 **た**형(과거)으로 바꿉니다.

* **あした私がいってみる。**   내일 내가 가 볼게.
  아시따 와따시가 잇떼 미루

  きのう私がいってみた。   어제 내가 가 봤어.
  키노- 와따시가 잇떼 미따

2. ~とおもっています ~하려고 생각하고 있습니다

동사의 의지형에 ~とおもっています를 쓰면 '~하려고 생각하고 있습니다'라는 의미가 되며, 말하는 사람의 계획이나 적극적인 의지를 나타냅니다.

> **Tip.** ~ている는 '~하고 있다'라는 뜻이고, ~ています는 정중한 표현입니다.

* **りんごをかおうとおもっています。**
  링고오　　카오-또　　오못떼　　이마스
  사과를 사려고 생각하고 있습니다.

  すしをたべようとおもっています。
  스시오　　타베요-또
  초밥을 먹으려고 생각하고 있습니다.

  しゅくだいをしようとおもっています。
  슈꾸다이오　　　　시요-또
  숙제를 하려고 생각하고 있습니다.

■ しゅくだい 숙제

+plus 동사의 의지형은 '~하자, ~하려고 하다, ~하겠다'라는 뜻으로, 말하는 사람의 생각이나 의지를 나타냅니다.

	구조	기본형		의지형
1그룹 동사	어미 う단을 お단으로 바꾸고 う를 붙입니다.	かう 사다	→	かおう 사겠다
2그룹 동사	어미 る를 빼고 よう를 붙입니다.	たべる 먹다	→	たべよう 먹겠다
3그룹 동사	불규칙	する 하다	→	しよう 하겠다
		くる 오다		こよう 오겠다

실력을 다지는 탄탄 문법 & 표현

3. ~できる & 동사의 가능형

일본어의 가능 표현에는 동사 **できる**를 쓰거나 동사의 가능형으로 나타낼 수 있습니다.

> ① 명사+**が**できる　　　(명사)가 가능하다
> 　동사+**こと**ができる　 (동사)하는 것이 가능하다

우리말로는 '〜을 할 수 있다'라서 조사 **を**를 쓸 것 같지만, **が**를 쓰는 것에 주의합니다.

Tip. できる는 する의 가능형입니다. (p.173, 〈동사의 가능형〉 표 참고)

* **日本語**(にほんご)**ができます。**　　　일본어를 할 수 있습니다.
  니홍고가　　데끼마스

　すいえいができます。　　　수영을 할 수 있습니다.
  스이에-가

* **日本語**(にほんご)**をはなすことができます。**　일본어 말하는 것을 할 수 있습니다.
  니홍고오　　하나스　코또가　데끼마스

　すいえいをすることができます。　수영하는 것을 할 수 있습니다.
  스이에-오　　스루

■ すいえい 수영

+plus 1 '할 수 없다'라고 부정할 때는 **できません**이라고 합니다.

* **日本語**(にほんご)**ができません。**　일본어를 할 수 없습니다.
  니홍고가　　데끼마셍

+plus 2 편한 사이에서 '할 수 있어'는 **できる**, '할 수 없어'는 **できない**라고 합니다.

* **日本語**(にほんご)**ができる。**　일본어를 할 수 있어.
  니홍고가　　데끼루

　日本語(にほんご)**ができない。**　일본어를 할 수 없어.
  니홍고가　　데끼나이

② 동사의 가능형

	구조	기본형		가능형
1그룹 동사	어미 う단을 え단으로 바꾸고 る를 붙입니다.	かう	→	かえる
		사다		살 수 있다
2그룹 동사	어미 る를 빼고 られる를 붙입니다. Tip. 회화에서는 ら를 빼고 れる만 붙이기도 합니다.	たべる	→	たべられる
		먹다		먹을 수 있다
3그룹 동사	불규칙	する	→	できる
		하다		할 수 있다
		くる		こられる
		오다		올 수 있다

Tip. 1그룹 동사의 가능형은 2그룹 동사의 형태와 같기 때문에, 1그룹 동사 가능형의 활용은 2그룹 동사와 같습니다.

* 私はいま**いけ**ます。 저는 지금 **갈 수 있습니다**.
  와따시와 이마　이께마스

  私はいま**まて**ます。 저는 지금 **기다릴 수 있습니다**.
  　　　　　　마떼마스

  私はいま**たべられ**ます。 저는 지금 **먹을 수 있습니다**.
  　　　　　　타베라레마스

  私はいま**こられ**ます。 저는 지금 **올 수 있습니다**.
  　　　　　　코라레마스

배운 것 확인하는 꼼꼼 연습문제

1. 해당하는 단어를 서로 연결하세요.

① 목걸이 •　　　　　　• サイズ

② 세일　 •　　　　　　• デパート

③ 백화점 •　　　　　　• ネックレス

④ 사이즈 •　　　　　　• セール

2. 우리말에 해당하는 표현을 [보기]에서 찾아 쓰세요.

[보기]
いくらですか　　　　これ、きてみてもいいですか
しょうしょうおまちください　いっしょにいきませんか

① 이거, 입어 봐도 돼요?
→ _____。

② 잠시만요.
→ _____。

③ 얼마예요?
→ _____。

④ 같이 갈래요?
→ _____。

p.238

3. 우리말을 보고 빈칸에 알맞은 말을 써넣으세요.

① 교환은 되지만, 환불은 안됩니다.

→ こうかんは ___ ___ ___ ___ が、

   はらいもどしは ___ ___ ___ ___ ___ 。

② 비싸지 않을까요?

→ たか ___ ___ ___ ですか。

③ 조금 싸게 살 수 있을 거예요.

→ すこしやすくかえる ___ ___ ___ ___ 。

4. 다음 우리말을 일본어로 바꿔 쓰세요.

① 내일 제가 가 보겠습니다.

→ _____。

② 초밥을 먹으려고 생각하고 있습니다.

→ _____。

③ 수영을 할 수 있습니다. / 수영하는 것을 할 수 있습니다.

→ _____。 /

   _____。

④ 저는 지금 갈 수 있습니다.

→ _____。

재미를 더하는 일본 엿보기

일본의 젓가락 문화

젓가락을 사용하는 나라는 우리나라와 일본, 중국, 베트남, 태국 등 쌀밥 문화권인데, 이 중에 한국, 일본, 중국 세 나라가 젓가락을 사용하는 인구의 80% 이상을 차지한다고 합니다. 이 세 나라의 젓가락은 음식에 따라 차이가 있습니다.

한국의 젓가락은 국과 반찬을 주로 먹기 때문에 금속으로 만들고, 중간쯤 되는 길이입니다.

중국의 젓가락은 식탁 가운데 놓인 음식들을 개인 그릇에 덜어먹는 식사 문화 때문에 멀리 있는 음식을 쉽게 집기 위한 길고 뭉툭한 모양입니다.

일본의 젓가락은 1인분씩 나눠 차리는 식사 문화이고 생선을 많이 먹어 생선 가시를 발라내는데 편리하도록 길이가 짧고 끝이 뾰족합니다.

일본에서 젓가락을 사용할 때 지켜야 할 매너입니다.

① 젓가락으로 집었던 음식을 내려놓고, 다른 음식을 집는 것을 うつりばし 우쯔리바시라고 하며, 일본에서는 금기시하는 행위입니다.
② 젓가락을 손에 쥔 채로 다른 접시의 반찬을 집거나 반찬을 젓가락으로 찍어 먹거나 핥아먹는 것은 예의에 어긋나는 행위입니다.
③ 젓가락으로 무엇을 집어서 건네주는 것은 장례식에서 화장하고 남은 뼈를 젓가락을 집는 것으로 여기기 때문에 불쾌하게 생각합니다.
④ 그릇에 담긴 밥에 젓가락을 꽂으면 제삿밥이라고 생각하기 때문에 피해야 합니다.

Unit 13
돈을 인출하고 싶습니다.
お金（かね）をひきだしたいです。
오까네오 히끼다시따이데스

< 학습 목표 >

1. 동사의 て형 + てもらいます : ~해 줍니다
2. 동사의 て형 + てくれます : ~해 줍니다
3. 동사의 기본형 + つもりです : ~할 생각입니다
4. ように : ~와 같이 (비유) / ~하도록 (기대, 소원)

입에서 바로 나오는 술술 회화

회화 듣기 MP3.13-1

김지나가 은행의 ATM 앞에서 돈을 인출하려고 합니다.

김지나 ¹すみません、ATMからお金をひきだしたいですが、
스미마셍, 에―티―에므까라 오까네오 히끼다시따이데스가,

てつだってもらえますか。
테쯔닷떼 모라에마스까?

은행원 まずひきだしボタンをおして、
마즈 히끼다시 보탕오 오시떼,

ここにカードを²入れてください。
코꼬니 카―도오 이레떼 쿠다사이

そしてあんしょうばんごうをおしてください。
소시떼 안쇼―방고―오 오시떼 쿠다사이

いくらひきだしますか。
이꾸라 히끼다시마스까?

김지나 ³一万円です。
이찌망엔데스

은행원 このようにおしてください。
코노 요―니 오시떼 쿠다사이

단어
- お金(かね) 돈 ■ ひきだす 인출하다, 찾다 ■ てつだう 돕다 ■ もらう 받다 ■ まず 우선
- ひきだし 인출 ■ おす 누르다 ■ カード 카드 ■ 入(い)れる 넣다 ■ そして 그리고, 그러고 나서
- あんしょうばんごう 패스워드, 비밀번호 ■ ように ~와 같이, 처럼(비유)

 해석

김지나 실례지만, ATM에서 돈을 인출하고 싶은데, 도와주실 수 있어요?

은행원 우선 인출 버튼을 누르고, 여기에 카드를 넣으세요. 그리고 비밀번호를 누르시고요. 얼마 인출하시겠어요?

김지나 만 엔이요.

은행원 이렇게 누르세요.

해설

1. すみません

일본인들이 많이 쓰는 표현 중 하나입니다. '미안합니다' 외에 '실례합니다', '고맙습니다' 라는 뜻으로도 많이 사용합니다.

① **미안합니다**
   미안한 상황에서 사과해야 할 때 씁니다.

② **실례합니다**
   누군가에게 길을 물어보거나 식당에서 주문할 때 씁니다.

③ **고맙습니다**
   상대방에게 수고를 끼쳐서 미안하기 때문에 고맙다는 의미를 담고 있습니다. 뭔가 요청해서 가져다주는 상대방에게 씁니다.

2. 入れて

동사 入れる는 목적어를 가지는 타동사로, 2그룹 동사입니다. 따라서 て형으로 활용할 때 る를 빼고 て를 붙입니다. 참고로 入る 하이루는 '들어가다, 들어오다' 라는 뜻의 자동사이며, 1그룹 동사입니다.

- 私 はさいふにお金を入れました。
  와따시와 사이후니 오까네오 이레마시따
  나는 지갑에 돈을 넣었습니다.

- 私 はへやに入りました。
  와따시와 헤야니 하이리마시따
  나는 방으로 들어갔습니다.

   ■ さいふ 지갑 ■ へや 방

3. 一万円

百 햐꾸 와 千 셍 은 그냥 쓰는데, 万(만) 이상의 수사 앞에는 '一 이찌(1, 일)'를 붙이는 경우가 있습니다.

- 一万 이찌망 일만
- 十万 쥬-망 십만
- 百万 햐꾸망 백만
- 一千万 잇셈망 일천만
- 一億 이찌오꾸 일억
- 一兆 잇쪼- 일조

입에서 바로 나오는 술술 회화

와타나베가 김지나에게 유럽 여행을 간다고 자랑을 합니다.

와타나베 らいげつ¹ヨーロッパ²りょこうをするつもりです。
라이게쯔　요-롭파　　　료꼬-오　　　스루쯔모리데스

김지나 うらやましいです。
우라야마시-데스

こうくうけん³やホテルの⁴よやくも
코-꾸-껭야　　　호테루노　　요야꾸모

ぜんぶしましたか。
젬부　　시마시따까?

와타나베 こんしゅうするつもりです。
콘슈-　　　스루쯔모리데스

김지나 さいきんユーロのレートがいいですよ。
사이낑　　유-로노　　레-토가　　이-데스요

와타나베 そうですか。おしえてくれてありがとう。
소-데스까?　　　오시에떼　쿠레떼　아리가또-

김지나 たのしいりょこう⁵になりますように!
타노시-　　　료꼬-니　　　나리마스요-니!

단어
- ヨーロッパ 유럽　■ つもり 생각, 작정　■ うらやましい 부럽다　■ こうくうけん 항공권
- や ~랑(열거할 때)　■ ホテル 호텔　■ よやく 예약　■ ユーロ 유로(EU 통화)　■ レート 환율
- ように ~하도록(기대, 소원)

와타나베 　다음 달에 유럽 여행을 할 생각이에요.

김지나 　부러워요.
　　　　항공권이나 호텔의 예약도 다 했어요?

와타나베 　이번 주에 할 작정이에요.

김지나 　요즘 유로의 환율이 좋던데요.

와타나베 　그런가요? 알려 줘서 고마워요.

김지나 　즐거운 여행이 되길 바라요!

1. ヨーロッパ

ヨーロッパ는 '유럽'입니다. 유럽에 있는 나라 중, 몇몇 나라를 일본어로 알아봅시다. 서양의 나라 이름은 대부분 가타카나로 표기합니다.

- 프랑스　　フランス 후랑스
- 영국　　　イギリス 이기리스
- 이탈리아　イタリア 이타리아
- 스페인　　スペイン 스페잉
- 스위스　　スイス 스이스
- 독일　　　ドイツ 도이츠

2. りょこう

'여행'을 뜻하는 단어가 여러 개 있는데, 어감의 차이가 있습니다.

- 旅行(りょこう)　계획과 목적이 잘 세워진 여행
- 旅(たび)　여행의 과정에 의미를 두고 타지로 떠나는 장기 여행, 무계획 여행
- ツアー　여행사의 단체 여행 상품
- 観光(かんこう)　명소 등을 둘러보고 체험하는 것을 두루 포함하는 여행

3. ~や

~や는 '~나'라는 뜻으로 나열할 때 쓰는 조사입니다. 전체 중 일부를 나열합니다. 'AやBや… A나 B나 …'로 여러 가지를 나열할 수 있습니다.

- りんごやみかん
  사과나 귤
- フランスやイギリス
  프랑스나 영국

4. よやく

よやく는 '예약'이라는 단어입니다. '예약을 하다'는 よやくをする라고 하고, '예약하다'라고 하려면 よやくする라고 합니다.

5. ~になります

なる는 '~이 되다'라는 1그룹 동사로, 주로 '명사＋になる' 구문으로 쓰입니다.

- がくせいになりました。
  각세-니 나리마시따
  학생이 되었습니다.

실력을 다지는 탄탄 문법 & 표현

1. ~てもらいます ~해 줍니다

もらう는 '받다'라는 뜻의 동사인데, 우리말에 없는 표현이라 직역하면 어색합니다.
자연스럽게 해석하면 '(다른 사람)이 ~해 주다'가 됩니다.
받는 사람이 주어가 되는 구조로, 받는 행위에 초점을 맞춘 표현입니다.

> (받는 사람)**は** (주는 사람)**に** (물건)**を** もらいます
> → (받는 사람)**은** (주는 사람)**에게서** (물건)**을** 받습니다
> → (주는 사람)**이** (받는 사람)**에게** (물건)**을** 줍니다

★ 私はかれにチョコレートをもらいました。
　　와따시와 카레니　쵸코레-토오　　　　모라이마시따

그는 저에게 초콜릿을 주었습니다. (직역 ▶ 저는 그에게서 초콜릿을 받았습니다.)

■ チョコレート 초콜릿

동사의 て형과 결합하여 '(다른 사람에게서) ~해 받다'라는 의미가 됩니다.

★ かれに日本語をおしえてもらいました。
　　카레니　　니홍고오　　오시에떼　　모라이마시따

그가 일본어를 가르쳐 줬습니다. (직역 ▶ 그에게서 일본어를 가르쳐 받았습니다.)

★ ちょっとまってもらえますか。
　　춋또　　　　맛떼　　　모라에마스까?

잠시 기다려 주실 수 있습니까? (직역 ▶ 잠시 기다려 받을 수 있습니까?)

Tip. ~もらえますか는 もらいますか의 가능형입니다.

2.

> ~てくれます　　　~해 줍니다

くれる는 '주다'라는 뜻의 동사입니다.

> (주는 사람)は (받는 사람)に (물건)を くれます
> → (주는 사람)은 (받는 사람)에게 (물건)을 줍니다

Tip. 받는 사람이 반드시 '나 또는 나와 관련된 사람'이어야 하는 것에 주의합니다.

* かれは私(わたし)にチョコレートをくれました。
  카레와　와따시니 초코레-토오　　쿠레마시따
  그는 저에게 초콜릿을 주었습니다.

  かのじょは私(わたし)にプレゼントをくれました。
  카노죠와　　와따시니 프레젠토오
  그녀는 저에게 선물을 주었습니다.

'동사의 て형+くれる'는 '(다른 사람)이 (나 또는 나와 관련된 사람)에게 ~해 주다'라는 표현입니다.

* かれは私(わたし)に日本語(にほんご)をおしえてくれました。
  카레와　와따시니 니홍고오　오시에떼　쿠레마시따
  그는 저에게 일본어를 가르쳐 주었습니다.

  ともだちは私(わたし)のいもうとにこのほんをかってくれました。
  토모다찌와　　와따시노 이모-니　　코노 홍오　캇떼
  친구는 내 여동생에게 이 책을 사 주었습니다.

실력을 다지는 탄탄 문법 & 표현

3. ~つもりです   ~할 생각입니다

'동사의 기본형+つもりです'는 '~할 생각입니다, ~할 작정입니다'라는 뜻으로, 말하는 사람의 강한 의지나 결심을 나타내는 표현입니다.
단순한 계획, 생각뿐 아니라 마음속으로 정리된 결심이 포함되어 있습니다.

* らいねん日本にいくつもりです。   내년에 일본에 갈 생각입니다.
  라이넹   니혼니   이꾸   츠모리데스

  らいねんくるまをかうつもりです。   내년에 자동차를 살 생각입니다.
                쿠루마오   카우

  ■ くるま 자동차

+plus 1 편한 사이에서는 '동사의 기본형+つもり'라고 하면 됩니다.

* らいねん日本にいくつもり。   내년에 일본에 갈 생각이야.
  라이넹   니혼니   이꾸   츠모리

+plus 2 비슷한 표현으로 '동사의 기본형+よていです 요떼-데스'가 있습니다.
'~つもりです'는 말하는 사람의 개인적인 생각이나 예정을 나타내는 반면, '~よてい'는 계획하고 실행하기로 결정한 것에 대해 쓰는 표현으로 개인적인 일뿐만 아니라 공적인 상황에서 많이 사용합니다.

* 大阪はつしんかんせんが5時にとうちゃくするよていです。
  오-사까하쯔   싱깐셍가   고지니   토-쨔꾸스루   요떼-데스
  오사카발 신칸센이 5시에 도착할 예정입니다.

  2時にかいぎがはじまるよていです。
  니지니   카이기가   하지마루   요떼-데스
  2시에 회의가 시작될 예정입니다.

  ■ はつ ~발(떠남) ■ しんかんせん 신칸센 ■ とうちゃくする 도착하다 ■ はじまる 시작되다

4. ように　~와 같이 / ~하도록

ように는 '~와 같이, ~처럼'이라는 뜻의 비유나 예시, '~하도록, ~하기를'이라는 기대나 소원을 나타낼 수 있습니다.

> ① ~와 같이, ~처럼 (비유)
> 명사+のように / 동사 기본형+ように

* **このようにおしてください。**　　이렇게 눌러 주세요.
  코노　요-니　오시떼　쿠다사이

  わたしがいったようにしてみましょう。　제가 말했던 것처럼 해 봅시다.
  와따시가 잇따　요-니　시떼　미마쇼-

  ■ いう 말하다

> ② ~하도록, ~하기를 (기대, 소원)
> 정중형 문장+ように

* **たのしいりょこうになりますように!**　　즐거운 여행이 되기를!
  타노시-　료꼬-니　나리마스　요-니!

+plus '~하도록'이라는 뜻으로 쓰일 때 ように는 명사와 결합하지 않습니다.
'명사+のために' 형태로 쓰고, 보통 '~을 위해(서)'라고 해석합니다.

* **かのじょのためにはなをかいました。**　그녀를 위해 꽃을 샀습니다.
  카노죠노　타메니　하나오　카이마시따

Unit 13. 돈을 인출하고 싶습니다.　185

배운 것 확인하는 꼼꼼 연습문제

1. 해당하는 단어를 서로 연결하세요.

① 카드　　•　　　　　　　　• ホテル

② 환율　　•　　　　　　　　• カード

③ 유럽　　•　　　　　　　　• ヨーロッパ

④ 호텔　　•　　　　　　　　• レート

2. 우리말에 해당하는 표현을 [보기]에서 찾아 쓰세요.

[보기]
いくらひきだしますか　　　てつだってもらえますか
たのしいりょこうになるように　　うらやましいです

① 도와주실 수 있어요?
　→ ＿＿＿＿＿＿＿＿＿＿＿＿＿＿＿＿＿＿＿＿＿＿＿。

② 얼마 인출하시겠어요?
　→ ＿＿＿＿＿＿＿＿＿＿＿＿＿＿＿＿＿＿＿＿＿＿＿。

③ 부러워요.
　→ ＿＿＿＿＿＿＿＿＿＿＿＿＿＿＿＿＿＿＿＿＿＿＿。

④ 즐거운 여행이 되길 바라요!
　→ ＿＿＿＿＿＿＿＿＿＿＿＿＿＿＿＿＿＿＿＿＿＿＿!

3. 우리말을 보고 빈칸에 알맞은 말을 써넣으세요.

① ATM에서 돈을 인출하고 싶은데요.
→ ATMからおかねをひきだし___ ___ ___ ___。

② 여기에 카드를 넣으세요.
→ ここにカードを___ ___ ___ ___。

③ 이번 주에 할 작정이에요.
→ こんしゅう___ ___ ___ ___ ___。

④ 알려 줘서 고마워요.
→ おしえ___ ___ ___ ___ありがとう。

4. 다음 우리말을 일본어로 바꿔 쓰세요.

① 내년에 일본에 갈 생각입니다.
→ _____。

② 그는 (저에게) 일본어를 가르쳐 줬습니다. (그에게서 일본어를 가르쳐 받았습니다.)
→ _____。

③ 친구는 내 여동생에게 이 책을 사 주었습니다.
→ _____。

④ 제가 말했던 것처럼 해 봅시다.
→ _____。

일본에서의 선물

일본인들에게는 선물을 주고받는 것이 큰 의미이므로, 주로 상대방이 필요로 하는 실용적인 것을 선물로 준비합니다. 또한 선물 포장에도 엄청 신경을 쓰기 때문에 선물을 받은 사람은 조심스럽게 포장을 뜯습니다.

일본에서는 어떤 선물이냐에 따라 여러 가지 단어로 씁니다.

① **おみやげ** 오미야게 : 원래는 신사참배를 간 사람이 집안사람들에게 복을 나눠 주기 위해 신사의 물건을 사 오는 것에서 유래한 것으로, 지금은 여행지 등에서 사 오는 기념품이나 토산품을 말합니다.

② **てみやげ** 테미야게 : 남의 집에 방문할 때 들고 가는 선물로 집주인에게 줍니다.

③ **プレゼント** 프레젠토 : 생일, 입학, 졸업 등 축하하기 위해 주는 선물입니다.

④ **おせいぼ** 오세-보 : 연말에 평소 신세 진 사람에게 보내는 선물입니다.

⑤ **おちゅうげん** 오쮸-겐 : 오봉(우리의 추석) 때 평소 신세 진 사람에게 보내는 선물입니다.

⑥ **おねんが** 오넹가 : 연초에 보내는 연하장입니다.

⑦ **おかえし** 오까에시 : 받은 선물에 대한 답례(품)입니다. 축하에 대한 답례는 두 배로, 조문에 대한 답례는 절반으로 주는 것이 일반적입니다.

⑧ **うちいわい** 우찌-와이 : 집안사람들의 경사(결혼, 출산, 병의 완쾌)를 기념하기 위해 주는 선물입니다.

일본에서 조심해야 할 선물이 있습니다.

① **칼** : 자살을 상징한다고 여기므로 선물하지 않습니다.

② **4개의 물건** : 일본인들은 짝수를 선호해서 짝을 이룬 세트 선물을 좋아하지만, 숫자 '4 시'는 죽음을 뜻하는 死 시와 발음이 같아 죽음을 연상시키므로 4개의 물건을 피해야 합니다.

③ **빗** : '괴롭게 죽는다'는 くし 쿠시와 빗(くし 쿠시)의 발음이 같아서 선물하지 않습니다.

④ **흰색 물건** : 흰색은 죽음을 상징하는 색이라서, 흰 종이로 포장하거나 흰 꽃은 선물하지 않습니다.

⑤ **화분** : 특히 병문안 때 피해야 할 선물로, '(식물의) 뿌리를 내린다'는 **ねづく** 네즈꾸와 '병으로 몸져눕다'인 **ねつく** 네쯔꾸의 발음이 비슷하기 때문에 (뿌리를 내린 식물이 심긴) 화분을 선물하지 않습니다.

Unit 14
열이 나고 있습니다.
ねつがでています。
네쯔가 데떼 이마스

< 학습 목표 >

1. 동사의 ない형 + なければなりません : ~해야 합니다
2. ~みたいです : ~같습니다
3. お + 동사의 ます형 + ください / ご + 한자 명사 + ください : ~해 주십시오
4. 동사의 て형 + ていただきます : ~해 받습니다

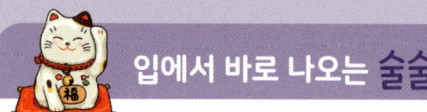 

회화 듣기
MP3.14-1

열이 나는 김지나를 보고 와타나베가 걱정을 합니다.

와타나베 どうしたんですか。
도-시딴데스까?

あなたのかおが ¹あかいです。
아나따노　　카오가　　아까이데스

김지나 ²ねつがでています。
네쯔가　데떼　이마스

どうやら ³かぜをひいたみたいです。
도-야라　　카제오　　히-따미따이데스

와타나베 ⁴げねつざいはのみましたか。
게네쯔자이와　　　　노미마시따까?

김지나 まだです。
마다데스

⁵家にかえってやすまなければなりません。
이에니　카엣떼　　야스마　　나께레바　　나리마셍

단어

- かお 얼굴　■ ねつ 열　■ でる 나다; 나가다, 나오다　■ どうやら 아무래도
- かぜをひく 감기에 걸리다　■ みたいだ ~같다, ~비슷하다　■ げねつざい 해열제　■ まだ 아직
- 家(いえ) 집　■ かえる 돌아가다, 돌아오다　■ やすむ 쉬다

 **해석**

와타나베 무슨 일이에요?
　　　　당신의 얼굴이 빨개요.

김지나   열이 나고 있어요.
　　　　아무래도 감기에 걸린 것 같아요.

와타나베 해열제는 먹었어요?

김지나   아직이요.
　　　　집에 돌아가서 쉬어야겠어요.

 **해설**

1. あかい

색을 나타내는 형용사는 **い형용사**입니다.

- あおい 아오이 파랗다
- きいろい 키-로이 노랗다
- くろい 쿠로이 검다
- しろい 시로이 하얗다

2. ねつがでています。

'열이 나다'라고 할 때 동사는 **でる**를 씁니다. **でる**는 2그룹 동사로, て형은 **る**를 빼고 **て**를 붙입니다.
'동사의 **て**형+**います**'는
'~하고 있습니다'라는 구문입니다.

3. かぜをひいたみたいです。

かぜ는 '감기'라는 단어인데, '감기에 걸리다'라고 할 때 동사는 **ひく** 히꾸를 씁니다.

4. げねつざいはのみましたか。

우리는 약을 '먹다'라고 하는데, 일본어는 약을 '**たべる** 먹다'가 아닌 '**のむ** 마시다'라는 동사를 쓰는 것에 주의합니다.

5. 家にかえってやすまなければなりません。

'돌아가다, 돌아오다'라는 뜻의 동사로 **もどる** 외에 **かえる**가 있습니다. 우리말 의미는 차이가 없지만, 돌아가[오]는 곳이 집이나 고향일 때는 **かえる**라고 합니다.
그런데 **かえる**라고 하면, 집에 돌아가서 다시 나오지 않는다는 의미를 내포하고 있으므로, 뭔가 깜박 잊고 다시 집에 돌아갔다가 챙겨서 나오는 경우에는 **もどる**라고 합니다.

입에서 바로 나오는 술술 회화

병원에 온 김지나가 진찰을 받으려고 카운터에서 접수를 합니다.

김지나 よやくを¹しておりませんが、
요야꾸오 시떼 오리마셍가,

²いまみてもらえますか。
이마 미떼 모라에마스까?

간호사 すこし³おまちになりますが。
스꼬시 오마찌니 나리마스가

김지나 だいじょうぶ
大丈夫です。またせていただきます。
다이죠-부데스. 마따세떼 이따다끼마스

간호사 ⁴どんなしょうじょうがありますか。
돈나 쇼-죠-가 아리마스까?

김지나 ⁵せきがとまらないです。
세끼가 토마라나이데스

간호사 あちらでおよびするまでおまちください。
아찌라데 오요비스루마데 오마찌 쿠다사이

단어

- おりる いる(~고 있다)의 겸양어 ■ みる 진찰하다 ■ またせる 기다리게 하다
- どんな 어떤, 어떠한 ■ しょうじょう 증상 ■ せき 기침 ■ とまる 멈추다 ■ よび 부름

Tip. 겸양어는 상대방에게 본인의 동작에 대해 자신을 낮추는 정중한 표현입니다.

 해석

김지나: 예약을 하지 않았는데요, 지금 진찰해 주실 수 있을까요?
간호사: 좀 기다리게 되십니다만.
김지나: 괜찮습니다. 기다리겠습니다.
간호사: 어떤 증상이 있습니까?
김지나: 기침이 멈추지 않습니다.
간호사: 저기에서 호명할 때까지 기다려 주세요.

해설

42강

1. ~しております

おります는 います보다 자신을 낮춰 상대방에게 경의를 표하는 표현입니다. 의미는 ~していません(~하고 있지 않습니다)과 같습니다.

2. いまみてもらえますか。

'~てもらう' 구문으로, 직역하면 '지금 진찰을 해 받을 수 있습니까?' 입니다. 진찰을 하는 상대방에게 진찰을 받는 자신을 낮추어 '지금 진찰을 해 주실 수 있습니까?', '지금 진찰을 받을 수 있습니까?'라고 자연스럽게 해석합니다. 그리고, みて의 뜻은 '보다'라는 見る가 아니라, '진찰하다'라는 診る인 것에 주의합니다.

3. おまちになりますが。

~になります는 '~(하)게 됩니다'라는 뜻인데, 또한 상대방을 높일 때 ~です보다 좀 더 정중한 느낌으로 쓸 수 있는 말입니다.

4. どんな

どんな는 '어떤, 어떠한'이라는 뜻으로 사람, 사물, 장소 등의 특징에 대해 물어볼 때 사용합니다.

- どんなひと 돈나 히또 어떤 사람
- どんなところ 돈나 토꼬로 어떤 곳
- どんなくるま 돈나 쿠루마 어떤 차

5. せきがとまらないです。

'기침이 멈추지 않습니다'라는 표현으로, '**せきがとまりません。** 세끼가 토마리마셍'과 같습니다. 참고로, '기침이 나다'는 **せきがでる**라고 합니다.

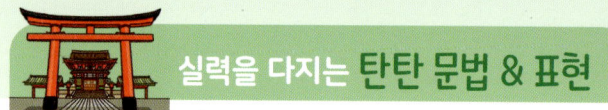 

1. ~なければなりません　~해야 합니다

'동사의 ない형+なければなりません'은 직역하면 '~하지 않으면 안됩니다'라는 뜻인데, 즉 '~해야 합니다'라는 의미로 그렇게 하는 것이 당연하다는 의무나 필요함을 나타냅니다.

* いまいかなければなりません。　　지금 가야 합니다.
  이마　이까나께레바　나리마셍

  いまよまなければなりません。　　지금 읽어야 합니다.
  　　　요마나께레바

  いまたべなければなりません。　　지금 먹어야 합니다.
  　　　타베나께레바

  いましなければなりません。　　지금 해야 합니다.
  　　　시나께레바

+plus 1 ~なければならないです라고도 합니다.

* いまいかなければならないです。　지금 가야 합니다.
  이마　이까나께레바　나라나이데스

+plus 2 편한 사이에서는 ~なければならない라고 합니다.

* いまいかなければならない。　　지금 가야 해.
  이마　이까나께레바　나라나이

2.

~みたいです　~같습니다, ~인 듯합니다

みたいです는 기본형이 みたいだ입니다.
~みたいだ는 실제 그렇지 않지만 비슷한 느낌인 것을 비유하거나, 특정 상황에서 말하는 사람이 주관적으로 판단하여 추측할 때 쓰는 표현입니다.
주로 회화에서 많이 사용합니다.

	구조	みたいだ / みたいです
명사	명사+ みたいだ	かれは日本人(にほんじん)みたいです。 카레와 니혼진 미따이데스
		그는 일본인인 것 같습니다.
		말하는 사람 주관적인 느낌상 그가 일본인 같다고 추측함
い형용사	기본형+ みたいだ	これはおいしいみたいです。 코레와 오이시- 미따이데스
		이것은 맛있는 것 같습니다.
		말하는 사람이 보기에 맛있어 보인다는 느낌으로 추측함
な형용사	어간 な+ みたいだ	あのひとはゆうめいなみたいです。 아노 히또와 유-메-나 미따이데스
		저 사람은 유명한 것 같습니다.
		말하는 사람이 느낌상 저 사람이 유명한 것 같다고 추측함
동사	기본형+ みたいだ	かれはいったみたいです。 카레와 잇따 미따이데스
		그는 간 것 같습니다.
		그가 안 보여서 느낌상 가버린 것 같다고 추측함

실력을 다지는 탄탄 문법 & 표현

+plus みたいです는 '동사의 ます형+たいです'로 '~하고 싶습니다'라는 구문에서 동사 'みる 보다'에 たいです를 붙여 '보고 싶습니다'와 형태가 같습니다.
앞에 보고 싶은 내용인지, 추측하는 내용인지 확인하고 잘 해석해야 합니다.

> **동사 みる의 ます형+たいです   ~보고 싶습니다**

* このえいがをみたいです。   이 영화를 보고 싶습니다.
  코노   에-가오   미따이데스

> **い형용사+みたいです   ~인 것 같습니다**

* このえいがはおもしろいみたいです。
  코노   에-가와   오모시로이   미따이데스
  이 영화는 재미있는 것 같습니다.

3.

> **お+동사의 ます형+ください**
> **ご+한자 명사+ください   ~ 주십시오**

그냥 '~(て)ください'라고 하는 것보다 お나 ご를 붙여 더 정중한 표현을 만들 수 있습니다.

* のんでください。 → おのみください。   마셔 주십시오.
  논데   쿠다사이   오노미   쿠다사이
  かってください。 → おかいください。   사 주십시오.
  캇떼   오까이
* ごれんらくください。   연락해 주십시오.
  고렌라꾸   쿠다사이
  ごかくにんください。   확인해 주십시오.
  고까꾸닝

  ■ かくにん 확인

196

4. ~ていただきます　　~해 받습니다

いただく는 もらう의 겸양어입니다.
동작의 주체가 말하는 사람일 때, 사역동사(~하게 하다)의 て형과 결합합니다.

Tip. いただく는 たべる와 のむ의 겸양어이기도 합니다.
여기에서 파생하여 식사 전에 하는 인사말로 'いただきます 잘 먹겠습니다'가 있습니다.

* **またせ**ていただきます。　기다리겠습니다. (직역 ▶ 기다리게 해 받습니다.)
  마따세떼　　이따다끼마스

  せつめいさせていただきます。
  세쯔메-사세떼

  설명하겠습니다. (직역 ▶ 설명을 하게 해 받습니다.)

  ■ せつめい 설명

+plus 일반동사를 사역동사로 바꾸는 방법은 다음과 같습니다.

구조		기본형	사역동사
1그룹 동사	어미 う단을 あ단으로 바꾸고 せる를 붙입니다.	はなす	はなせる
		말하다	말하게 하다
		まつ	またせる
		기다리다	기다리게 하다
2그룹 동사	어미 る를 빼고 させる를 붙입니다.	みる	みさせる
		보다	보게 하다
		たべる	たべさせる
		먹다	먹게 하다
3그룹 동사	불규칙	する	させる
		하다	하게 하다
		くる	こさせる
		오다	오게 하다

배운 것 확인하는 꼼꼼 연습문제

1. 해당하는 단어를 서로 연결하세요.

① 쉬다 • • かえる

② 나다 • • でる

③ 돌아가[오]다 • • みる

④ 진찰하다 • • やすむ

2. 우리말에 해당하는 표현을 [보기]에서 찾아 쓰세요.

[보기]
まだです   どうしたんですか
あなたのかおがあかいです   よやくをしておりません

① 당신의 얼굴이 빨개요.
→ _____。

② 무슨 일이에요?
→ _____。

③ 예약을 하지 않았는데요.
→ _____。

④ 아직이요.
→ _____。

3. 우리말을 보고 빈칸에 알맞은 말을 써넣으세요.

① 감기에 걸린 것 같아요.

→ かぜをひいた＿＿ ＿＿ ＿＿です。

② 집에 돌아가서 쉬어야겠어요.

→ いえにかえってやすま＿＿ ＿＿ ＿＿ ＿＿なりません。

③ 열이 나고 있어요.

→ ねつが＿＿ ＿＿ ＿＿ ＿＿。

④ 저기에서 호명할 때까지 기다려 주세요.

→ あちらでおよびする＿＿ ＿＿ ＿＿ ＿＿ ＿＿ください。

4. 다음 우리말을 일본어로 바꿔 쓰세요.

① 지금 가야 합니다.

→ ＿＿＿＿＿＿＿＿＿＿＿＿＿＿＿＿＿＿＿＿。

② 그는 일본인인 것 같습니다.

→ ＿＿＿＿＿＿＿＿＿＿＿＿＿＿＿＿＿＿＿＿。

③ 저 사람은 유명한 것 같습니다.

→ ＿＿＿＿＿＿＿＿＿＿＿＿＿＿＿＿＿＿＿＿。

④ 설명하겠습니다. (설명을 하게 해 받습니다.)

→ ＿＿＿＿＿＿＿＿＿＿＿＿＿＿＿＿＿＿＿＿。

🐱 **재미를 더하는 일본 엿보기**

스모

스모(すもう)는 일본 전통의 격투기 스포츠로, 두 명의 선수가 아무런 도구 없이 전통 샅바(まわし)를 두른 맨몸으로 맞붙어 싸우는 형태의 경기입니다.

스모는 '신토'라는 제사 의식 중 하나로 치뤄지던 고유 행사로, 720년에 쓰여진 〈일본서기〉라는 책에서 처음 등장합니다. 이후 에도 시대에 이르러 지금의 스모 형태가 되었고, 오랜 시간을 걸쳐 지금까지 많은 일본인들에게 사랑받는 스포츠입니다.

스모와 비슷한 격투기 스포츠로 우리나라의 씨름, 몽골의 브흐, 중국의 솨이쟈오, 러시아의 삼보 등이 있습니다.

① 스모 용어
- **とりくみ** 토리꾸미 스모 경기의 대전, 대진표
- **どひょう** 도효- 스모 경기장
- **りきし** 리키시, **すもうとり** 스모-또리 스모 선수
- **まわし** 마와시 전통 샅바
- **しろぼし** 시로보시 스모 경기의 승리를 나타내는 표
- **くろぼし** 쿠로보시 스모 경기의 패배를 나타내는 표
- **すもうへや** 스모-헤야 스모 선수들의 합숙 훈련장

② 스모 경기 방식
스모는 **どひょう** 안에서 **まわし**를 찬 두 선수가 대결(**とりくみ**)을 하여 승부를 겨루는 방식입니다. **どひょう** 밖으로 나가거나 지면에 발바닥 외의 신체가 닿거나 반칙을 하면 패하게 됩니다.

Unit 15
안타깝네요.
ざんねんですね。
잔넨데스네

< 학습 목표 >
1. 동사의 て형+てしまいました : ~해 버렸습니다
2. 동사의 ます형+にくいです : ~하기 어렵습니다
3. 동사의 ます형+ながら : ~하면서
4. 동사의 ない형+なくてもいいです : ~하지 않아도 됩니다

 입에서 바로 나오는 술술 회화  MP3.15-1

영어 시험을 망친 와타나베를 김지나가 위로하고 있습니다.

와타나베 英語のしけん、かんぜんにしっぱいして
에-고노 시껭, 칸젠니 싑빠이 시떼

しまいました。¹いくつかのもんだいはぜんぜん
시마이마시따 이꾸쯔까노 몬다이와 젠젠

わかりませんでした。
와까리마센데시따

김지나 ざんねんですね。
잔넨데스네

²あなたはがんばったじゃないですか。
아나따와 감밧따쟈 나이데스까?

와타나베 そうですよ。
소-데스요

김지나 おいしいものをたべながら、
오이시- 모노오 타베나가라,

おもしろい³はなしでもしましょう。
오모시로이 하나시데모 시마쇼-

ファイト!
화이토!

단어

- 英語(えいご) 영어　■ しけん 시험　■ かんぜんに 완전히　■ しっぱい 실패, 실수
- しまう ~해 버리다　■ いくつ 몇 개　■ もんだい 문제　■ ぜんぜん 전혀
- ざんねん 유감스러움, 아쉬움　■ がんばる 분발하다, (어떤 일을 해내려고) 어려움을 참고 노력하다
- ながら ~면서　■ はなし 이야기　■ ファイト '힘내라, 잘해라'라는 뜻으로 하는 격려의 말

 해석

와타나베 영어 시험, 완전히 망쳐 버렸어요.
　　　　 몇 문제는 아예 이해할 수 없었어요.

김지나   안타깝네요.
　　　　 당신은 열심히 했잖아요?

와타나베 그러니까요.

김지나   맛있는 거 먹으면서, 재미있는 이야기라도 합시다.
　　　　 파이팅!

 해설

1. いくつかのもんだい

いくつ는 '몇 개, 몇 살'이라는 뜻으로 개수나 나이를 물어볼 때 쓰는데, 여기에 か를 붙이면 정확한 개수가 아니라 그냥 '몇 개, 몇 가지'라는 의미가 됩니다.

① **구체적인** 문제 **개수**를 물어봄
- もんだいが いくつ ありますか。
  몬다이가 이꾸쯔 아리마스까?
  문제가 몇 개 있습니까?

② 문제가 **있는지 여부**를 물어봄
- いくつかの もんだいが ありますか。
  이꾸쯔까노 몬다이가 아리마스까?
  문제가 있습니까?

2. あなたはがんばったじゃないですか。

がんばる는 1그룹 동사로 た형으로 바꾸면 がんばった가 됩니다.

3. はなし

はなし는 명사로 '이야기'입니다. 동사 はなす(말하다, 이야기하다)에서 온 단어로, 동사의 ます형을 명사로 활용하기도 합니다.

- のりかえる 노리까에루 환승하다
  → のりかえ 노리까에 환승
- やすむ 야스무 쉬다
  → やすみ 야스미 휴일

입에서 바로 나오는 술술 회화

야마모토와 나카무라가 회의를 준비 중입니다.

야마모토 きょうのかいぎは¹しゃちょうも²さんかされます。
쿄-노 카이기와 샤쬬-모 상까사레마스

나카무라 ³だいじなかいぎです⁴から。
다이지나 카이기데스까라

みんなにれんらくしました⁵よね?
민나니 렌라꾸시마시따요네?

야마모토 いま、しりょうをじゅんびしながられんらくして
이마, 시료-오 쥼비시나가라 렌라꾸시떼

います。
이마스

나카무라 しょるいのもじがちいさくてよみにくいです。
쇼루이노 모지가 치-사꾸떼 요미니꾸이데스

야마모토 すみません、⁶もういちどやりなおします。
스미마셍, 모- 이찌도 야리나오시마스

나카무라 はい、いそがなくてもいいです。
하이, 이소가나꾸떼모 이-데스

단어

- しゃちょう 사장
- さんかする 참가하다
- だいじだ 중요하다
- から ~(으)니까
- れんらくする 연락하다
- しりょう 자료
- じゅんびする 준비하다
- しょるい 서류
- もじ 글자, 문자
- ちいさい 작다
- にくい ~하기 힘들다, ~하기 어렵다
- もういちど 한번 더, 다시 한번
- やりなおす 다시 하다, 고쳐 하다
- いそぐ 서두르다

 **해석**

야마모토 오늘 회의는 사장님도 참석하십니다.

나카무라 중요한 회의니까요.
모두에게 연락했죠?

야마모토 지금, 자료를 준비하면서 연락하고 있습니다.

나카무라 서류의 글씨가 작아서 읽기 어려워요.

야마모토 죄송합니다, 다시 하겠습니다.

나카무라 네, 서두르지 않아도 됩니다.

 회화 따라 하기

 **해설** 해설 강의  45강

1. しゃちょう

일본어에서 직위를 나타내는 말에 존칭하는 '~さん, ~さま'를 붙이지 않습니다.

2. さんかされます。

さんかされます에서 されます(기본형 される)는 します(기본형 する)의 존경어로, '~하십니다'라고 해석합니다.

3. だいじなかいぎ

だいじだ는 '중요하다'라는 な형용사로, 명사를 수식할 때는 기본형에서 だ를 뺀 어간에 な를 붙입니다.

- だいじだ(중요하다) + かいぎ(회의)
  → だいじなかいぎ(중요한 회의)
- きれいだ(예쁘다) + ひと(사람)
  → きれいなひと(예쁜 사람)

4. ~から

から는 출발하는 위치, 동작의 기점을 나타내는 '~에서(부터)'라는 말이기도 하지만, 대화문에서는 문장의 끝에서 '~(으)므로, ~(으)니까'라는 뜻으로 쓰였습니다.

5. ~よね

よね는 '종조사(문장의 끝에서 문장을 끝맺으며 다양한 어감을 나타내는 조사)'로, 상대에게 확인하거나 동의, 공감을 구할 때 씁니다. 여기에서는 모두에게 연락을 다 했다는 것을 확인하려는 느낌이 담겨 있습니다.

6. もういちど

もういちど는 '다시 한번, 한번 더'라는 뜻으로 많이 사용하는 표현입니다.

실력을 다지는 탄탄 문법 & 표현

46강

1. ~てしまいました ~해 버렸습니다

'동사의 て형+てしまう'는 '~해 버리다, ~하고 말다'라는 뜻이고, しまいました는 しまう 과거형의 정중한 표현입니다. 말하는 사람의 의지와 상관없이 무심코 무엇을 해 버렸거나(실수), 부정적인 결과에 대해 후회할 때(유감) 쓸 수 있습니다. ~しまったんです라고도 할 수 있습니다.

* かぜをひいてしまいました。　　감기에 걸려 버렸습니다.
  카제오　히―떼　시마이마시따

  かいだんでころんでしまいました。　계단에서 넘어져 버렸습니다.
  카이단네　　　코론데

  みちにまよってしまいました。　　길을 잃어 버렸습니다.
  미찌니　마욧떼

  バスにのりおくれてしまいました。　버스를 놓쳐 버렸습니다.
  바스니　노리　오꾸레떼

  Tip. 'バスにのりおくれてしまいました。'를 직역하면 '버스를 타는 것에 늦어 버렸습니다'라는 뜻으로, 즉 '버스를 놓쳐 버렸습니다'라는 의미가 됩니다.

  ■ かいだん 계단 ■ ころぶ 쓰러지다, 넘어지다 ■ まち길 ■ まよう 헤매다

+plus 편한 사이에서는 ~てしまった라고 합니다.

* かぜをひいてしまった。　　감기에 걸려 버렸어.
  카제오　히―떼　시맛따

206

2.
> **~にくいです　~하기 어렵습니다, ~하기 힘듭니다**

'동사의 ます형+にくい'는 '~하기 어렵다'라는 뜻으로, 뒤에 です를 붙이면 정중한 표현이 됩니다.

* **これはよみにくいです。**　　이것은 읽기 어렵습니다.
  코레와　요미　니꾸이데스

  これはかきにくいです。　　이것은 쓰기 어렵습니다.
  　　　　카끼

  これはたべにくいです。　　이것은 먹기 어렵습니다.
  　　　　타베

Tip. 예문을 살펴보면, 내용이 어렵거나 글자가 작아서 읽기 어렵거나, 글자가 어렵거나 필기구의 상태가 안 좋아서 쓰기 어렵거나, 너무 딱딱하거나 맛이 없어서 먹기 어렵다는 상황을 유추할 수 있습니다.

+plus 반대로 '~하기 쉽다', '~하기 편하다'라고 하려면 **にくい** 대신 **やすい**를 씁니다.

> **~やすいです　~하기 쉽습니다, ~하기 편합니다**

* **これはよみやすいです。**　　이것은 읽기 쉽습니다.
  코레와　요미　야스이데스

  これはかきやすいです。　　이것은 쓰기 쉽습니다.
  　　　　카끼

  これはたべやすいです。　　이것은 먹기 쉽습니다.
  　　　　타베

Tip. にくい와 やすい를 붙이면 い형용사의 활용을 따릅니다.

실력을 다지는 탄탄 문법 & 표현

3.

~ながら　　　　~하면서

'동사의 ます형+ながら'는 '〜하면서'라는 뜻으로, 두 가지 동작을 동시에 한다는 것을 나타내는 표현입니다.
'AながらB'는 'A하면서 B하다'라는 뜻으로, A동작보다 B동작에 중점을 두는 경우가 많습니다.

* **テレビをみながらポテトチップスをたべます。**
  테레비오　　　미나가라　　　포테토칩프스오　　　　　타베마스
  텔레비전을 보면서 감자칩을 먹습니다.

おんがくをききながらしゅくだいをしています。
옹가꾸오　　　　키끼나가라　　　슈꾸다이오　　　시떼　이마스
음악을 들으면서 숙제를 하고 있습니다.

ごはんをたべながらはなしてはいけません。
고항오　　　타베나가라　　　하나시떼와　　이께마셍
밥을 먹으면서 말하면 안됩니다.

コーヒーをのみながらほんをよみました。
코-히-오　　　노미나가라　　　홍오　　요미마시따
커피를 마시면서 책을 읽었습니다.

■ ポテトチップス 감자칩 ■ おんがく 음악 ■ きく 듣다 ■ ごはん 밥

4. ~なくてもいいです   ~하지 않아도 됩니다

'동사의 ない형+なくてもいい'는 '~하지 않아도 되다'라는 뜻으로, 무엇을 할 필요나 의무가 없다는 것을 나타내는 표현입니다.
뒤에 です를 붙이면 정중한 표현이 됩니다.

Tip. '~ない+て=なくて'입니다. 여기에 もいい를 붙여 '~도 좋다'라는 뜻이 더해집니다.

* いまいかなくてもいいです。 지금 가지 않아도 됩니다.
  이마   이까나꾸떼모   이-데스

  いまのまなくてもいいです。 지금 마시지 않아도 됩니다.
          노마나꾸떼모

  いまおきなくてもいいです。 지금 일어나지 않아도 됩니다.
          오끼나꾸떼모

* いましなくてもいいですか。 지금 하지 않아도 됩니까?
  이마   시나꾸떼모   이-데스까?

  いまこなくてもいいですか。 지금 오지 않아도 됩니까?
          코나꾸떼모

+plus 편한 사이에서는 '동사의 ない형+なくてもいい'라고 하면 됩니다.

* いまいかなくてもいい。 지금 가지 않아도 돼.
  이마   이까나꾸떼모   이-

  いましなくてもいい(の)? 지금 하지 않아도 돼?
  이마   시나꾸떼모   이-(노)?

  Tip. 의문문은 끝을 올려 말합니다.

배운 것 확인하는 꼼꼼 연습문제

1. 해당하는 단어를 서로 연결하세요.

   ① 시험 •   • もんだい

   ② 문제 •   • ちいさい

   ③ 작다 •   • しけん

   ④ 다시 한번 •   • もういちど

2. 우리말에 해당하는 표현을 [보기]에서 찾아 쓰세요.

   [보기]
   だいじなかいぎですから   ぜんぜんわかりませんでした
   もういちどやりなおします   ざんねんですね

   ① 아예 이해할 수 없었어요.
   → _____。

   ② 안타깝네요.
   → _____。

   ③ 중요한 회의니까요.
   → _____。

   ④ 다시 하겠습니다.
   → _____。

3. 우리말을 보고 빈칸에 알맞은 말을 써넣으세요.

① 완전히 망쳐 버렸어요.
→ かんぜんにしっぱいし_____ _____ _____ _____ _____ _____ _____。

② 먹으면서 이야기라도 합시다.
→ たべ_____ _____ _____ はなしをしましょう。

③ 서류의 글씨가 작아서 읽기 어려워요.
→ しょるいのもじがちいさくてよみ_____ _____ _____ です。

④ 서두르지 않아도 됩니다.
→ いそが_____ _____ _____ _____ _____ です。

4. 다음 우리말을 일본어로 바꿔 쓰세요.

① 감기에 걸려 버렸습니다.
→ _____。

② 이것은 읽기 어렵습니다.
→ _____。

③ 커피를 마시면서 책을 읽었습니다.
→ _____。

④ 지금 가지 않아도 됩니다.
→ _____。

재미를 더하는 일본 엿보기

강아지 경찰 아저씨

2020년, 귀여운 꼬마가 많은 사람들의 심장을 쿵하게 만들었는데요. 무라카타 노노카(村方乃々佳むらかたののか)가 바로 그 주인공입니다. 노노카는 2018년생으로, 일본 동요대회에 출전하여 은상을 수상하면서 스타가 되었는데, 당시 노노카가 부른 동요 〈강아지 경찰 아저씨〉 가사에 우리가 배운 단어와 표현이 많이 있습니다.

〈 いぬのおまわりさん 〉

[1절]

まいごの まいごの こねこちゃん、
마이고노   마이고노   코네꼬짱,
길을 잃은 길을 잃은 아기 고양이,

あなたの おうちは どこですか。
아나따노   오우찌와   도꼬데스까?
당신의 집이 어디입니까?

おうちを きいても わからない、
오우찌오   키-떼모   와까라나이,
집을 물어봐도 몰라,

なまえを きいても わからない。
나마에오   키-떼모   와까라나이
이름을 물어봐도 몰라.

[2절]

まいごの まいごの こねこちゃん、
마이고노   마이고노   코네꼬짱,
길을 잃은 길을 잃은 아기 고양이,

あなたの おうちは どこですか。
아나따노   오우찌와   도꼬데스까?
당신의 집이 어디입니까?

カラスに きいても わからない、
카라스니   키-떼모   와까라나이,
까마귀한테 물어봐도 몰라,

スズメに きいても わからない。
스즈메니   키-떼모   와까라나이
참새한테 물어봐도 몰라.

[후렴]

ニャン ニャン ニャン ニャン ニャン ニャン ニャン ニャン
냥   냥   냥   냥   냥   냥   냥   냥
야옹 야옹 야옹 야옹 야옹 야옹 야옹 야옹

ないて ばかりの こねこちゃん。
나이떼   바까리노   코네꼬짱
울고만 있는 아기 고양이.

いぬの おまわりさん こまって しまって
이누노   오마와리상   코맛떼   시맛떼
강아지 경찰 아저씨 곤란해져 버려서

ワンワン ワンワン ワンワン ワンワン
왕왕   왕왕   왕왕   왕왕
멍멍 멍멍 멍멍 멍멍

Unit 16
얼마나 걸려요?
どのくらいかかりますか。

도노 쿠라이 카까리마스까?

〈 학습 목표 〉

1. 동사의 た형+たばかりです: 막 ~했습니다
2. 동사의 た형+たり~たりします: ~하거나 ~하기도 합니다
3. 형용사 어간/동사의 ます형+すぎます: 너무 ~합니다
4. どのくらい: 얼마나, 어느 정도
5. 위치 표현

입에서 바로 나오는 술술 회화

김지나가 행인에게 길을 물어보고 있습니다.

김지나 ¹ここからちかてつのえきまでどのくらい
코꼬까라　치까떼쯔노　에끼마데　도노 쿠라이

かかりますか。
카까리마스까?

행인 あるいて5分かかります。
아루이떼　고훙　카까리마스

²みちをわたって左にまがってまっすぐいくと
미찌오　와땃떼　히다리니 마갓떼　맛스구　이꾸또

ちかてつのえきです。
치까떼쯔노　에끼데스

김지나 このパスをかったばかりですが、
코노　파스오　캇따　바까리데스가,

これで³ちかてつにのれますか。
코레데　치까떼쯔니　노레마스까?

행인 はい。
하이

단어
- ちかてつ 지하철　■ えき 역　■ どのくらい 어느 정도, 얼마쯤　■ かかる (날짜·시간이) 걸리다, 소요되다
- あるく 걷다, 산책하다　■ みち 길　■ わたる 건너다　■ 左(ひだり) 왼쪽　■ まがる 방향을 바꾸다
- まっすぐ 똑바로, 곧장　■ と ~면　■ パス 패스　■ ばかり 막, 방금(~한 지 얼마 안 됨)　■ のれる 탈 수 있다

김지나	여기에서 지하철역까지 얼마나 걸려요?
행인	걸어서 5분 걸려요. 길을 건너서 왼쪽으로 돌아 쭉 가면 지하철역입니다.
김지나	이 패스를 산 지 얼마 안 되었는데, 이것으로 지하철을 탈 수 있습니까?
행인	네.

1. ここからちかてつのえきまで

'AからBまで'는 'A에서부터 B까지'라는 뜻으로 공간은 물론 시간도 표현할 수 있습니다.

- がっこうからとしょかんまで
  학교에서 도서관까지
- 韓国から日本まで
  한국에서 일본까지
- きのうからあしたまで
  어제부터 내일까지
- 一時から五時まで
  1시부터 5시까지

2. みちをわたって左にまがってまっすぐいくと

길을 안내할 때 많이 하는 표현입니다.

- 길을 건너다 　みちをわたる
- 좌회전하다 　左にまがる
- 우회전하다 　右にまがる
- 쭉 가다 　まっすぐ行く

3. ちかてつにのれますか。

~にのる는 '(교통수단)을 타다'라는 뜻인데, 이때 조사는 を를 쓰지 않고 に를 쓰는 것에 주의합니다.
のれます는 のる의 가능형인 のれる의 정중한 표현입니다.

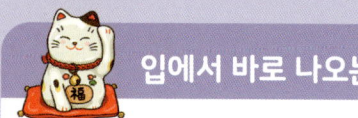 입에서 바로 나오는 술술 회화

회화 듣기
MP3.16-2

도톤보리의 글리코 간판 앞에서 김지나와 와타나베가 사진을 찍고 있습니다.

김지나 ¹グリコサインの前でしゃしんをとりましょう。
구리코사인노　마에데　샤싱오　토리마쇼-

와타나베 いち、に、さん、チーズ!
이찌,　니,　상,　치-즈!

김지나 人が多すぎます。
히또가　오-스기마스

와타나베 ³たこやきやおこのみやきをたべたり、
타꼬야끼야　오꼬노미야끼오　타베따리,

⁴リバークルーズにのったりしましょう。
리바-쿠루-즈니　놋따리　시마쇼-

김지나 いいですね。
이-데스네

와타나베 ⁵大阪のくいだおれ。
오-사까노　쿠이다오레

おいしいものがほんとうにたくさんあります!
오이시-　모노가　혼또-니　탁상　아리마스!

단어

- 前(まえ) (공간적·시간적) 앞　■ とる (사진을) 찍다　■ チーズ 치즈　■ 多(おお)い 많다, 많이 있다
- すぎる 지나치다　■ たこやき 다코야키(둥근 모양의 틀에 묽은 밀가루 반죽과 잘게 썬 문어를 넣어 만든 일본식 풀빵)
- おこのみやき 오코노미야키(고기, 채소, 해물 등을 밀가루 반죽에 버무려 철판에 구운 뒤 소스를 얹어 먹는 일본 요리)
- たり ~거나, ~든지　■ くいだおれ (음식·사치로) 재산을 까먹어 없앰　■ たくさん 많이

김지나 　글리코사인 앞에서 사진을 찍어요.

와타나베 　하나, 둘, 셋, 치즈!

김지나 　사람들이 너무 많아요.

와타나베 　다코야키나 오코노미야키를 먹거나, 리버크루즈를 타거나 해요.

김지나 　좋아요.

와타나베 　오사카 사람은 먹는 데 재산을 탕진한다고 하죠. 맛있는 게 참 많이 있어요!

1. グリコサイン

오사카 도톤보리의 명물로, 에자키 글리코 회사의 옥외광고판입니다.

2. しゃしんをとりましょう。

'사진을 찍다'는 しゃしんをとる 입니다. とる는 1그룹 동사로 ます형은 とり 입니다.

3. たこやきやおこのみやき

たこやき와 おこのみやき는 일본의 대표적인 먹거리입니다. やき는 '구운 것'이라는 뜻으로, 이름에서도 알 수 있듯이 둘 다 구운 음식입니다.
おこのみやき가 오사카로 대표되는 간사이 지방의 주요 먹거리라면, 도쿄를 중심으로 하는 간토 지방에는 もんじゃやき 몬쟈야끼가 있습니다.
もんじゃやき는 おこのみやき와 비슷하지만, 수분이 좀 더 많은 편이고 작은 주걱으로 먹습니다.

4. リバークルーズ

도톤보리의 운하를 다니는 작은 유람선으로, 도톤보리를 구경하는 관광객들에게 인기 있는 코스입니다.

5. 大阪のくいだおれ。

이 문장은
'京のきだおれ、大阪のくいだおれ、江戸ののみだおれ
쿄-노 키다오레, 오-사까노 쿠이다오레, 에도노 노미다오레'
라는 속담에서 온 말입니다.
'교토 사람은 옷에 재산을 탕진하고, 오사카 사람은 먹는 데 재산을 탕진하고, 에도(도쿄) 사람은 술 마시는 데 재산을 탕진한다'는 뜻입니다.
이는 교토 사람은 옷 입는 것에 신경을 많이 쓰고, 오사카 사람은 먹는 게 가장 중요하고, 도쿄 사람은 술을 많이 마신다는 것을 비유한 표현입니다.
오사카에 맛있는 것이 많다는 것을 강조할 때 이 속담을 종종 인용합니다.

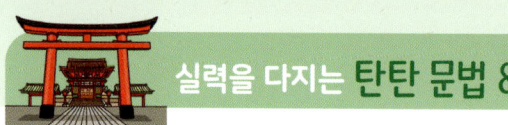 

49강

1. ~た[だ]ばかりです   막 ~했습니다

'동사의 た형+ばかり'는 '~한 지 얼마 되지 않았다, 막 ~했다'라는 뜻으로, 어떤 동작을 한 지 얼마 안 되었음을 나타내는데, 주관적인 기준으로 말하는 표현입니다.

* 私はこれをかったばかりです。   저는 이것을 막 샀습니다.
와따시와 코레오   캇따   바까리데스

私はこれをよんだばかりです。   저는 이것을 막 읽었습니다.
욘다

私はこれをみたばかりです。   저는 이것을 막 봤습니다.
미따

私はこれをたべたばかりです。   저는 이것을 막 먹었습니다.
타베따

私はこれをしたばかりです。   저는 이것을 막 했습니다.
시따

+plus ばかり는 다양한 용법이 있습니다.
ばかり 앞이 어떤 형태인지 확인하고 해석해야 합니다.

명사+ばかり   ~만, ~뿐

* パンばかりたべました。   빵만 먹었습니다.
팡바까리   타베마시따

■ パン 빵

동사의 て형+てばかりいる   ~하고만 있다

* テレビをみてばかりいます。   텔레비전을 보고만 있습니다.
테레비오   미떼   바까리이마스

2. ~た[だ]り~た[だ]りします
~하거나 ~하거나 합니다, ~하거나 ~하기도 합니다

'동사의 た형+たり~たり'는 '~하거나 ~하거나'라는 뜻으로, 동작이나 상태를 나열하는 표현입니다. 형태는 과거형이지만, 해석은 현재형으로 해야 하는 것에 주의합니다.

* **としょかんでほんをよんだりしゅくだいをしたりします。**
  토쇼깐데   홍오   욘다리   슈꾸다이오   시따리   시마스
  도서관에서 책을 읽거나 숙제를 하기도 합니다.

  きのう、えいがをみたりポップコーンをたべたりしました。
  키노-,   에-가오   미따리   폽뽀코-ㅇ오   타베따리   시마시따
  어제, 영화를 보거나 팝콘을 먹기도 했습니다.

  わたしたちはうたったりおどったりしましょう。
  와따시따찌와   우땃따리   오돗따리   시마쇼-
  우리는 노래를 부르거나 춤추거나 합시다.

  かのじょはでんわをしたりりょうりをしたりします。
  카노죠와   뎅와오   시따리   료-리오   시따리   시마스
  그녀는 전화를 하거나 요리를 하기도 합니다.

  - ポップコーン 팝콘 ■ わたしたち 우리들 ■ うたう 노래하다 ■ おどる 춤추다
  - りょうり 요리

실력을 다지는 탄탄 문법 & 표현

3. ~すぎます 너무 ~합니다, 지나치게 ~합니다

'지나치다'라는 뜻의 동사 **すぎる**는 형용사나 동사 뒤에 붙여서 '너무 ~하다, 지나치게 ~하다'라는 표현을 만들 수 있습니다.
すぎる는 2그룹 동사이므로, 활용은 2그룹 동사와 같습니다.
'형용사의 어간/동사의 **ます**형+**すぎる**' 형태로 접속합니다.

> **Tip.** い형용사는 기본형에서 い를 뺀 부분이 어간이고,
> な형용사는 기본형에서 だ를 뺀 부분이 어간입니다.

* 人がおおすぎます。 사람이 너무 많습니다.
  히또가 오-스기마스

  てんきがさむすぎます。 날씨가 너무 춥습니다.
  텡끼가 사무스기마스

  これはかんたんすぎます。 이것은 너무 간단합니다.
  코레와 칸딴스기마스

  この人はゆうめいすぎます。 이 사람은 너무 유명합니다.
  코노 히또와 유-메-스기마스

  ごはんをたべすぎました。 밥을 너무 (많이) 먹었습니다.
  고항오 타베스기마시따

  おさけをのみすぎましたか。 술을 너무 (많이) 마셨습니까?
  오사께오 노미스기마시따까?

4. どのくらい　얼마나, 어느 정도

どのくらい는 대략적인 시간, 비용, 크기, 부피, 양 등의 정도를 물어볼 때 쓰는 표현입니다.

* **どのくらいかかりますか。**　　얼마나 (시간이) 걸립니까? /
  도노　쿠라이　카까리마스까?　　얼마나 (비용이) 듭니까?

  どのくらいまちますか。　　얼마나 기다립니까?
  　　　　　　마찌마스까?

  どのくらいとまりますか。　　얼마나 머뭅니까?
  　　　　　　토마리마스까?

  どのくらいありますか。　　얼마나 있습니까?
  　　　　　　아리마스까?

  ■ とまる 묵다, 숙박하다

5. 위치 표현

위치를 나타내는 단어는 관련된 단어를 짝지어서 외우면 좋습니다.

위	아래	안	밖	왼쪽	오른쪽
うえ 우에	した 시따	なか 나까	そと 소또	ひだり 히다리	みぎ 미기
앞	뒤	동	서	남	북
まえ 마에	うしろ 우시로	東 (とう/ひがし) 토-/히가시	西 (ざい/にし) 자이/니시	南 (なん/みなみ) 난/미나미	北 (ぼく/きた) 보꾸/키따

배운 것 확인하는 꼼꼼 연습문제

1. 해당하는 단어를 서로 연결하세요.

   ① 지하철　　　　•　　　　　•　とる

   ② 왼쪽　　　　　•　　　　　•　たくさん

   ③ (사진을) 찍다　•　　　　　•　ひだり

   ④ 많이　　　　　•　　　　　•　ちかてつ

2. 우리말에 해당하는 표현을 [보기]에서 찾아 쓰세요.

   [보기]
   しゃしんをとりましょう　　このパスをかったばかりです
   あるいてごふんかかります　　おおさかのくいだおれ

   ① 걸어서 5분 걸려요.
   → _____ 。

   ② 이 패스를 산 지 얼마 안 되었어요.
   → _____ 。

   ③ 사진을 찍어요.
   → _____ 。

   ④ 오사카 사람은 먹는 데 재산을 탕진한다고 하죠.
   → _____ 。

p.240

3. 우리말을 보고 빈칸에 알맞은 말을 써넣으세요.

① 여기에서 지하철역까지 얼마나 걸려요?

→ ここ____ ____ちかてつのえき____ ____

  どの____ ____ ____かかりますか。

② 왼쪽으로 돌아 쭉 가면 지하철역입니다.

→ ひだりに____ ____ ____ ____ ____ ____ ____

  いくとちかてつのえきです。

③ 사람들이 너무 많아요.

→ ひとがおお____ ____ます。

4. 다음 우리말을 일본어로 바꿔 쓰세요.

① 저는 이것을 막 샀습니다.

→ _____。

② 어제, 영화를 보거나 팝콘을 먹기도 했습니다.

→ _____。

③ 밥을 너무 (많이) 먹었습니다.

→ _____。

④ 얼마나 기다립니까?

→ _____。

Unit 16. 얼마나 걸려요? 223

재미를 더하는 일본 엿보기

글리코맨

오사카 도톤보리(道頓堀)에 가면 누구나 다 기념으로 사진을 찍는 명소가 바로 글리코맨, 쿠리코 러너(グリコランナー)입니다. 이것은 '에자키 글리코(えざきグリコ)'라는 회사의 네온사인 광고판(가로 10.85미터, 세로 20미터)으로, 14만 개의 LED를 사용하여 배경이 화려하게 변화하는 글리코상이 반짝거리고 있어서 많은 사람들의 눈길을 끕니다. 점등 시간은 일몰 30분 후부터 자정까지입니다.

'에자키 글리코'는 창업자 에자키 리이치(江崎利一ーえざきりいち)가 세운 회사인데, 1921년 에자키 상점이 그 시작이었습니다. 에자키 리이치는 글리코겐(glycogen : 포도당으로 만들어진 동질다당)이 함유된 과자가 히트치면서 1922년 회사 이름을 에자키 글리코라고 바꿨다고 합니다. 이 회사에서 나오는 유명한 과자로는 '포키(ポッキー)'가 있습니다.

글리코맨은 1935년부터 이 자리를 지키고 있는 명물로, 이 회사의 마스코트입니다. 이 캐릭터는 2014년에 6번째 리뉴얼되었고, 기존 글리코맨들은 에자키 기념관에 전시되어 있습니다. 달리는 포즈의 글리코맨은 건강함을 상징하고 있는데 에자키 글리코 회사의 건강한 식품을 만들겠다는 취지를 나타냅니다.

출처 : 도톤보리 글리코 사인 공식 홈페이지
(道頓堀グリコサイン [公式] 江崎グリコ)

1. 형용사의 활용
2. 동사의 활용
3. 조수사

부록

1. 형용사의 활용

기본형	긍정형		부정형		의문형	
い형용사	기본형+です	기본형	어간+く ないです	어간+くない	기본형+ですか	기본형?
かわいい 카와이- 귀엽다	かわいいです。 카와이-데스 귀여워요.	かわいい。 카와이- 귀여워.	かわいくないです。 카와이꾸 나이데스 귀엽지 않아요.	かわいくない。 카와이꾸 나이 귀엽지 않아.	かわいいですか。 카와이-데스까? 귀여워요?	かわいい? 카와이-? 귀엽니?
さむい 사무이 (날씨가) 춥다	さむいです。 사무이데스 추워요.	さむい。 사무이 추워.	さむくないです。 사무꾸 나이데스 춥지 않아요.	さむくない。 사무꾸 나이 춥지 않아.	さむいですか。 사무이데스까? 추워요?	さむい? 사무이? 춥니?
たかい 타까이 (키가) 크다 / (높이가) 높다 / (값이) 비싸다	たかいです。 타까이데스 커요. / 비싸요.	たかい。 타까이 커. / 비싸.	たかくないです。 타까꾸 나이데스 크지 않아요. / 비싸지 않아요.	たかくない。 타까꾸 나이 크지 않아. / 비싸지 않아.	たかいですか。 타까이데스까? 커요? / 비싸요?	たかい? 타까이? 크니? / 비싸니?
な형용사	어간+です	어간 (= 기본형)	어간+じゃ ないです = 어간+ では[じゃ] ありません	어간+じゃない	어간+ですか	어간? (= 기본형?)
きれいだ 키레-다 예쁘디	きれいです。 키레-데스 예뻐요.	きれい。 키레- 예뻐.	きれいじゃないです。 키레-쟈 나이데스 예쁘지 않아요.	きれいじゃない。 키레-쟈 나이 예쁘지 않아.	きれいですか。 키레 데스끼? 예뻐요?	きれい? 키레-? 예뻐?
ゆうめいだ 유-메-다 유명하다	ゆうめいです。 유-메-데스 유명해요.	ゆうめい。 유-메- 유명해.	ゆうめいじゃないです。 유-메-쟈 나이데스 유명하지 않아요.	ゆうめいじゃない。 유-메-쟈 나이 유명하지 않아.	ゆうめいですか。 유-메-데스까? 유명해요?	ゆうめい? 유-메-? 유명해?
すきだ 스끼다 좋아하다	すきです。 스끼데스 좋아해요.	すき。 스끼 좋아해.	すきじゃないです。 스끼쟈 나이데스 좋아하지 않아요.	すきじゃない。 스끼쟈 나이 좋아하지 않아.	すきですか。 스끼데스까? 좋아해요?	すき? 스끼? 좋아해?

과거 긍정형		과거 부정형		て형	명사 수식
어간+かった です	어간+かった	어간+くなかったです (= 어간+く ありませんでした)	어간+く なかった	어간+くて	기본형+명사
かわいかった です。 카와이깟따데스 귀여웠어요.	かわいかった。 카와이깟따 귀여웠어.	かわいく なかったです。 카와이꾸 나깟따데스 귀엽지 않았어요.	かわいく なかった。 카와이꾸 나깟따 귀엽지 않았어.	かわいくて 카와이꾸떼 귀엽고	かわいい もの 카와이- 모노 귀여운 것
さむかったです。 사무깟따데스 추웠어요.	さむかった。 사무깟따 추웠어.	さむく なかったです。 사무꾸 나깟따데스 춥지 않았어요.	さむく なかった。 사무꾸 나깟따 춥지 않았어.	さむくて 사무꾸떼 춥고	さむい でんき 사무이 뎅끼 추운 날씨
たかかったです。 타까깟따데스 컸어요. / 비쌌어요.	たかかった。 타까깟따 컸어. / 비쌌어.	たかく なかったです。 타까꾸 나깟따데스 크지 않았어요. / 비싸지 않았어요.	たかく なかった。 타까꾸 나깟따 크지 않았어. / 비싸지 않았어.	たかくて 타까꾸떼 크고 / 비싸고	たかい もの 타까이 모노 큰 것 / 비싼 것
어간+でした	어간+だった	어간+じゃ なかったです (= 어간+では[じゃ] ありませんでした)	어간+ じゃなかった	어간+で	어간+な +명사
きれいでした。 키레-데시따 예뻤어요.	きれいだった。 키레-닷따 예뻤어.	きれいじゃ なかったです。 키레-쟈 나깟따데스 예쁘지 않았어요.	きれいじゃ なかった。 키레-쟈 나깟따 예쁘지 않았어.	きれいで 키레-데 예쁘고	きれいな ひと 키레-나 히또 예쁜 사람
ゆうめいでした。 유-메-데시따 유명하지 않았어요.	ゆうめいだった。 유-메-닷따 유명하지 않았어.	ゆうめいじゃ なかったです。 유-메-쟈 나깟따데스 유명하지 않았었어요.	ゆうめいじゃ なかった。 유-메-쟈 나깟따 유명하지 않았어.	ゆうめいで 유-메-데 유명하고	ゆうめいな ひと 유-메-나 히또 유명한 사람
すきでした。 스끼데시따 좋아했어요.	すきだった。 스끼닷따 좋아했어.	すきじゃ なかったです。 스끼쟈 나깟따데스 좋아하지 않았어요.	すきじゃ なかった。 스끼쟈 나깟따 좋아하지 않았어.	すきで 스끼데 좋아하고	すきな ひと 스끼나 히또 좋아하는 사람

2. 동사의 활용

	ます형	て형	た형(과거형)	ない형(부정형)	가능형	의지형
		*いく → いって	*いく → いった			
1그룹 동사	어미 う단을 い단으로 바꾼다.	어미를 다음과 같이 바꾼다. ① う, つ, る → って ② く → いて ③ ぐ → いで ④ ぬ, ぶ, む → んで ⑤ す → して	어미를 다음과 같이 바꾼다. ① う, つ, る → った ② く → いた ③ ぐ → いだ ④ ぬ, ぶ, む → んだ ⑤ す → した	어미 う단을 あ단으로 바꾼다. *예외 어미가 う인 경우 わ로 바꾼다.	어미 う단을 え단으로 바꾼다.	어미 う단을 お단으로 바꾸고 う를 붙인다.
2그룹 동사	어미 る를 뺀다.	어미 る를 빼고 て를 쓴다.	어미 る를 빼고 た를 쓴다.	어미 る를 뺀다.	어미 る를 빼고 られる를 쓴다.	어미 る를 빼고 よう를 쓴다.
3그룹 동사	불규칙 します, きます	불규칙 して, きて	불규칙 した, きた	불규칙 しない, こない	불규칙 できる, こられる	불규칙 しよう, こよう

	기본형	긍정형		부정형		의문형	
		ます형+ます	기본형	ます형+ません = ない형+ないです	ない형+ない	ます형+ますか	기본형(の)?
1그룹 동사	あう 아우 만나다	あいます。 아이마스 만나요.	あう。 아우 만나.	あいません。 아이마셍 만나지 않아요.	あわない。 아와나이 만나지 않아.	あいますか。 아이마스까? 만나요?	あう? 아우? 만나?
	よむ 요무 읽다	よみます。 요미마스 읽어요.	よむ。 요무 읽어.	よみません。 요미마셍 읽지 않아요.	よまない。 요마나이 읽지 않아.	よみますか。 요미마스까? 읽어요?	よむ? 요무? 읽어?
2그룹 동사	みる 미루 보다	みます。 미마스 봐요.	みる。 미루 봐.	みません。 미마셍 보지 않아요.	みない。 미나이 보지 않아.	みますか。 미마스까? 봐요?	みる? 미루? 봐?
	たべる 타베루 먹다	たべます。 타베마스 먹어요.	たべる。 타베루 먹어.	たべません。 타베마셍 먹지 않아요.	たべない。 타베나이 먹지 않아.	たべますか。 타베마스까? 먹어요?	たべる? 타베루? 먹어?
3그룹 동사	する 스루 하다	します。 시마스 해요.	する。 스루 해.	しません。 시마셍 하지 않아요.	しない。 시나이 하지 않아.	しますか。 시마스까? 해요?	する? 스루? 해?
	くる 쿠루 오다	きます。 키마스 와요.	くる。 쿠루 와.	きません。 키마셍 오지 않아요.	こない。 코나이 오지 않아.	きますか。 키마스까? 와요?	くる? 쿠루? 와?

	기본형	과거 긍정형		과거 부정형	
		ます형+ました	た형	ます형+ませんでした	ない형+なかった
1그룹 동사	あう 아우 만나다	あいました。 아이마시따 만났어요.	あった。 앗따 만났어.	あいませんでした。 아이마센데시따 만나지 않았어요.	あわなかった。 아와나깟따 만나지 않았어.
	よむ 요무 읽다	よみました。 요미마시따 읽었어요.	よんだ。 욘다 읽었어.	よみませんでした。 요미마센데시따 읽지 않았어요.	よまなかった。 요마나깟따 읽지 않았어.
2그룹 동사	みる 미루 보다	みました。 미마시따 봤어요.	みた。 미따 봤어.	みませんでした。 미마센데시따 보지 않았어요.	みなかった。 미나깟따 보지 않았어.
	たべる 타베루 먹다	たべました。 타베마시따 먹었어요.	たべた。 타베따 먹었어.	たべませんでした。 타베마센데시따 먹지 않았어요.	たべなかった。 타베나깟따 먹지 않았어.
3그룹 동사	する 스루 하다	しました。 시마시따 했어요.	した。 시따 했어.	しませんでした。 시마센데시따 하지 않았어요.	しなかった。 시나깟따 하지 않았어.
	くる 쿠루 오다	きました。 키마시따 왔어요.	きた。 기띠 왔어.	きませんでした。 키마센데시따 오지 않았어요.	こなかった。 코나깟따 오지 않았어.

て형	た형(과거형)	ない형(부정형)	가능형	의지형
あって 앗떼 만나고	あった 앗따 만났(다)	あわない 아와나이 만나지 않(다)	あえる 아에루 만날 수 있다	あおう 아오- 만나자
よんで 욘데 읽고	よんだ 욘다 읽었(다)	よまない 요마나이 읽지 않(다)	よめる 요메루 읽을 수 있다	よもう 요모- 읽자
みて 미떼 만나고	みた 미따 봤(다)	みない 미나이 보지 않(다)	みられる 미라레루 볼 수 있다	みよう 미요- 보자
たべて 타베떼 먹고	たべた 타베따 먹었(다)	たべない 타베나이 먹지 않(다)	たべられる 타베라레루 먹을 수 있다	たべよう 타베요- 먹자
して 시떼 하고	した 시따 했(다)	しない 시나이 하지 않(다)	できる 데끼루 할 수 있다	しよう 시요- 하자
きて 키떼 오고	きた 키따 왔(다)	こない 코나이 오지 않(다)	こられる 코라레루 오 수 있다	こよう 코요- 오자

3. 조수사

* 조수사는 앞에 오는 숫자에 따라 발음이 달라지는 경우가 있습니다.
* 조수사에 따라 숫자의 읽는 법이 달라질 수 있습니다.

	~개 個(こ)	~살 歳(さい)	~잔 杯(はい)	~명 人(にん)	~번 番(ばん)	~병/~자루 本(ほん)
1	いっこ 익꼬 한 개	いっさい 잇사이 한 살	いっぱい 입빠이 한 잔	ひとり 히또리 한 명	いちばん 이찌방 1번, 첫 번째	いっぽん 입뽕 한 병/한 자루
2	にこ 니꼬 두 개	にさい 니사이 두 살	にはい 니하이 두 잔	ふたり 후따리 두 명	にばん 니방 2번, 두 번째	にほん 니홍 두 병/두 자루
3	さんこ 상꼬 세 개	さんさい 산사이 세 살	さんばい 삼바이 세 잔	さんにん 산닝 세 명	さんばん 삼방 3번, 세 번째	さんぼん 삼봉 세 병/세 자루
4	よんこ 용꼬 네 개	よんさい 욘사이 네 살	よんはい 용하이 네 잔	よにん 요닝 네 명	よんばん 욤방 4번, 네 번째	よんほん 용홍 네 병/네 자루
5	ごこ 고꼬 다섯 개	ごさい 고사이 다섯 살	ごはい 고하이 다섯 잔	ごにん 고닝 다섯 명	ごばん 고방 5번, 다섯 번째	ごほん 고홍 다섯 병/다섯 자루
6	ろっこ 록꼬 여섯 개	ろくさい 록사이 여섯 살	ろっぱい 롭빠이 여섯 잔	ろくにん 로꾸닝 여섯 명	ろくばん 로꾸방 6번, 여섯 번째	ろっぽん 록뽕 여섯 병/여섯 자루
7	ななこ 나나꼬 일곱 개	ななさい 나나사이 일곱 살	ななはい 나나하이 일곱 잔	しちにん 시찌닝 일곱 명	ななばん 나나방 7번, 일곱 번째	ななほん 나나홍 일곱 병/일곱 자루
8	はっこ 학꼬 여덟 개	はっさい 핫사이 여덟 살	はっぱい 합빠이 여덟 잔	はちにん 하찌닝 여덟 명	はちばん 하찌방 8번, 여덟 번째	はっぽん 합뽕 여덟 병/여덟 자루
9	きゅうこ 큐-꼬 아홉 개	きゅうさい 큐-사이 아홉 살	きゅうはい 큐-하이 아홉 잔	きゅうにん/ くにん 큐-닝/쿠닝 아홉 명	きゅうばん 큐-방 9번, 아홉 번째	きゅうほん 큐-홍 아홉 병/아홉 자루
10	じっこ/ じゅっこ 직꼬/쥭꼬 열 개	じっさい/ じゅっさい 짓사이/줏사이 열 살	じゅっぱい 쥽빠이 열 잔	じゅうにん 쥬-닝 열 명	じゅうばん 쥬-방 10번, 열 번째	じっぽん/ じゅっぽん 집뽕/쥽뽕 열 병/열 자루
몇	なんこ 낭꼬 몇 개	なんさい 난사이 몇 살	なんばい 남바이 몇 잔	なんにん 난닝 몇 명	なんばん 남방 몇 번, 몇 번째	なんぼん 남봉 몇 병/몇 자루

정답

Unit 1　　　　　　　p.38

1.
① 학생 — がくせい
② 선생님 — せんせい
③ 가족 — かぞく
④ 회사원 — かいしゃいん

2.
① はじめまして。
② どうぞよろしくおねがいします。
③ こちらこそおせわになります。
④ おかげさまで。

3.
① わたしはりゅうがくせいです。
② かれはシェフです。
③ あなたはかいしゃいんですか。
④ わたしはがくせいではありません。

4.
① あなたもがくせいですか。
② おひさしぶりです。
③ おげんきですか。
④ ごかぞくはどうですか。

Unit 2　　　　　　　p.52

1.
① これはかばんです。
　それはプレゼントです。
　あれはほんです。
② それはかばんです。
　これはプレゼントです。
　あれはほんです。

2.
① かんしゃいたします。 — どういたしまして。
② もうしわけありません。 — だいじょうぶです。
③ ごめんなさい。 — だいじょうぶです。
④ サンキュー。 — どういたしまして。

3.
① 35さいです。
② ありがとうございます。
③ ほんとうにすみません。
④ ことしおいくつになりますか。

4.
① おめでとうございます。
② どれですか。
③ これはあなたへのたんじょうびプレゼントです。
④ わたしのせいです。

정답

Unit 3　　　　　　　　　　　p.64

1.
① (상대방) 할머니 — おばあさん
② (나의) 할아버지 — そふ
③ (상대방의) 아버지 — おとうさん
④ (나의) 어머니 — はは

2.
① これはだれのしゃしんですか。
② とてもかわいいです。
③ はい、そうです。
④ わたしのあにもべんこしです。

3.
① このこはわたしです。
② これはしょうがくせいのときです。
③ イさんのごりょうしんは?
④ あにはとてもいそがしいです。

4.
① わたしはがくせいでした。
② かれはせんせいでしたか。
③ おいしいです。
④ おもしろいえいが

Unit 4　　　　　　　　　　　p.76

1.
① 한국어 — かんこくご
② 일본어 — にほんご
③ 중국어 — ちゅうごくご
④ 프랑스어 — フランスご

2.
① おくにはどちらですか。
② かれはアメリカじんです。
③ かんこくごができます。
④ ちょっとむずかしいです。

3.
① かれはせがたかいですか。
② あまりたかくないです。
③ にほんごはじょうずじゃないです。
④ わたしはかんこくじんです。

4.
① ぶんぽうはむずかしくないです。
② かれはハンサムです。
③ ゆうめいなひと
④ きれいじゃないです。

Unit 5   p.88

1.

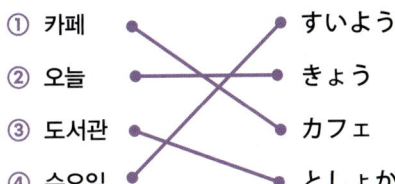

2.
① なんにちですか。
② いつおおさかにいきますか。
③ いまなんじですか。
④ はい、いいですよ。

3.
① ようかです。
② らいしゅうのすいようびですね。
③ いつまでとしょかんでほんをよみますか。
④ ごじにカフェであいましょうか。

4.
① らいげつです。
② ごがつよっかです。
③ いつここにもどりますか。
④ わたしはがっこうにいきます。

Unit 6   p.102

1.

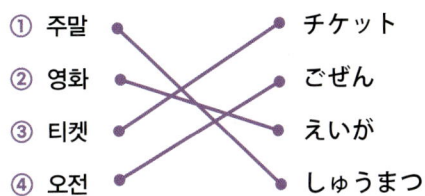

2.
① なかむらゆうこさんはいらっしゃいますか。
② とてもたのしみです。
③ ごようけんはなんでしょうか。
④ もしもし。

3.
① いそがしくないです。
② いっしょにいきませんか。
③ ごごにじです。
④ わたしにえいがのチケットがあります。

4.
① こえんにこいぬがいます。
② わたしはけしきをみます。
③ わたしはみせにいきません。
④ これをおしえてください。

정답

Unit 7   p.114

1.
① 업로드 — ユーチューブ
② 유튜브 — アップ
③ 온라인 — インスタグラム
④ 인스타그램 — オンライン

2.
① ほんとうにかわいいです。
② みなさんおつかれさまでした。
③ わかりました。
④ オンラインかいぎをおえます。

3.
① こにぬのしゃしんをアップしました。
② わたしがおうえんします。
③ Eメールでおくってください。
④ わたしもユーチューブをいちどやってみましょうか。

4.
① わたしはしごとをしません。
② ジュースをのみました。
③ しちじにおきました。
④ いまいったら、だいじょうぶです。

Unit 8   p.126

1.
① 비 — きぶん
② 기분 — あめ
③ 계절 — きせつ
④ 첫눈 — はつゆき

2.
① てんきはどうですか。
② きぶんがすぐれないです。
③ どのきせつがいちばんすきですか。
④ はつゆきがふっていますよ。

3.
① いちにちじゅうあめがふるそうです。
② あめがふるのもおかしくないです。
③ わたしはふゆがさむくてきらいです。
④ きのうはさむくなかったんです。

4.
① わたしはがっこうにいきませんでした。
② わたしはふゆがすきです。
③ わたしはなつがきらいです。
④ このすしはおいしくなかったです。
= このすしはおいしくありませんでした。

Unit 9　p.138

1.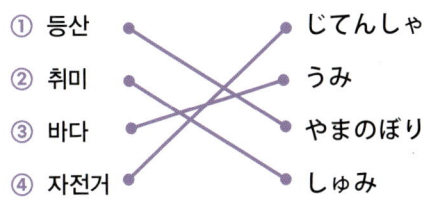
① 등산 — やまのぼり
② 취미 — しゅみ
③ 바다 — うみ
④ 자전거 — じてんしゃ

2.
① やめようとおもいます。
② やまとうみとどちらのほうがすきですか。
③ わたしはやまのほうがすきです。
④ しりませんでした。

3.
① じつはたのしくなかったです。
② かいにいきます。
③ わたしはやまよりうみのほうがすきです。
④ むかしはうみのほうがすきでした。

4.
① わたしはえいがをみにいきます。
② おいしいとおもいます。
③ わたしはピザがすきでした。
④ いぬよりねこのほうがすきです。

Unit 10　p.150

1.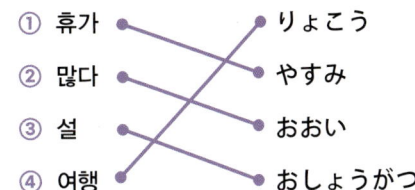
① 휴가 — やすみ
② 많다 — おおい
③ 설 — おしょうがつ
④ 여행 — りょこう

2.
① ことしもよろしくおねがいします。
② こちらこそよろしくおねがいします。
③ あけましておめでとうございます。

3.
① にほんりょこうはさけたほうがいいです。
② かんこくはもうすぐチュソクです。
③ トッククはたべたことがあります。
④ わたしはハンボクをきてみたいです。

4.
① わたしはにほんにいったことがあります。
② わたしはおさけをのんだことがありません。
③ バスにのったほうがいいです。
④ えいがをみたいです。

Unit 11 p.162

1.
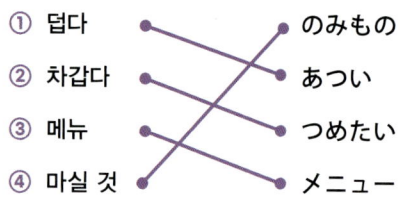

2.
① つめたいビールがさいこうです。
② かんぱい。
③ もちろんです。
④ コーラをちゅうもんしてください。

3.
① むりしないほうがいいです。
② わたしはそれより、とんこつラーメンがいいです。
③ わたしはおすすめメニューにします。
④ サラダをついかしてもいいですか。

4.
① いまいかないほうがいいです。
② きのうたべないほうがよかったです。
③ まどをあけてもいいですか。
④ いまみなくてもいいです。

Unit 12 p.174

1.
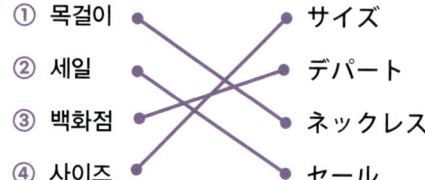

2.
① これ、きてみてもいいですか。
② しょうしょうおまちください。
③ いくらですか。
④ いっしょにいきませんか。

3.
① こうかんはできますが、はらいもどしはできません。
② たかくないですか。
③ すこしやすくかえるでしょう。

4.
① あしたわたしがいってみます。
② すしをたべようとおもっています。
③ すいえいができます。/ すいえいをすることができます。
④ わたしはいまいけます。

Unit 13　　p.186

1.
- ① 카드 — カード
- ② 환율 — レート
- ③ 유럽 — ヨーロッパ
- ④ 호텔 — ホテル

2.
- ① てつだってもらえますか。
- ② いくらひきだしますか。
- ③ うらやましいです。
- ④ たのしいりょこうになるように！

3.
- ① ATMからおかねをひきだしたいですが。
- ② ここにカードをいれてください。
- ③ こんしゅうするつもりです。
- ④ おしえてくれてありがとう。

4.
- ① らいねんにほんにいくつもりです。
- ② かれににほんごをおしえてもらいました。
- ③ ともだちはわたしのいもうとにこのほんをかってくれました。
- ④ わたしがいったようにしてみましょう。

Unit 14　　p.198

1.
- ① 쉬다 — やすむ
- ② 나다 — でる
- ③ 돌아가[오]다 — かえる
- ④ 진찰하다 — みる

2.
- ① あなたのかおがあかいです。
- ② どうしたんですか。
- ③ よやくをしておりません。
- ④ まだです。

3.
- ① かぜをひいたみたいです。
- ② いえにかえってやすまなければなりません。
- ③ ねつがでています。
- ④ あちらでおよびするまでおまちください。

4.
- ① いまいかなければなりません。
- ② かれはにほんじんみたいです。
- ③ あのひとはゆうめいなみたいです。
- ④ せつめいさせていただきます。

Unit 15　　　　　　　　　　p.210

1.
- ① 시험 — しけん
- ② 문제 — もんだい
- ③ 작다 — ちいさい
- ④ 다시 한번 — もういちど

2.
- ① ぜんぜんわかりませんでした。
- ② ざんねんですね。
- ③ だいじなかいぎですから。
- ④ もういちどやりなおします。

3.
- ① かんぜんにしっぱいしてしまいました。
- ② たべながらはなしをしましょう。
- ③ しょるいのもじがちいさくてよみにくいです。
- ④ いそがなくてもいいです。

4.
- ① かぜをひいてしまいました。
- ② これはよみにくいです。
- ③ コーヒーをのみながらほんをよみました。
- ④ いまいかなくてもいいです。

Unit 16　　　　　　　　　　p.222

1.
- ① 지하철 — ちかてつ
- ② 왼쪽 — ひだり
- ③ (사진을) 찍다 — とる
- ④ 많이 — たくさん

2.
- ① あるいてごふんかかります。
- ② このパスをかったばかりです。
- ③ しゃしんをとりましょう。
- ④ おおさかのくいだおれ。

3.
- ① ここからちかてつのえきまでどのくらいかかりますか。
- ② ひだりにまがってまっすぐいくとちかてつのえきです。
- ③ ひとがおおすぎます。

4.
- ① わたしはこれをかったばかりです。
- ② きのう、えいがをみたりポップコーンをたべたりしました。
- ③ ごはんをたべすぎました。
- ④ どのくらいまちますか。